发言高手

熊婧譞 编著

北方婦女兒童出版社
·长春·

图书在版编目（CIP）数据

发言高手 / 熊婧譞编著 . -- 长春 ：北方妇女儿童出版社，2025. 3. -- ISBN 978-7-5585-9071-9

I. H019-49

中国国家版本馆 CIP 数据核字第 2024MY4716 号

发言高手

FAYAN GAOSHOU

出 版 人 师晓晖
责任编辑 于德北
装帧设计 天下书装
开 本 710mm × 1000mm 1/16
印 张 12
字 数 145 千字
版 次 2025 年 3 月第 1 版
印 次 2025 年 3 月第 1 次印刷
印 刷 三河市南阳印刷有限公司
出 版 北方妇女儿童出版社
发 行 北方妇女儿童出版社
地 址 长春市福祉大路 5788 号
电 话 总编办：0431-81629600

定 价 49.80 元

前　言

当下，随着社会分工的日益细致化和专业化，除了要努力提升自己的专业能力，能清楚、流利地表达自己的想法，同样变得越来越重要。无论是在开会时能简洁明了地说清楚自己的想法，还是和同事讨论问题时能够自信地发表意见，都需要我们提升自己的表达力，也就是在各种场合出色发言的能力。

这里提到的发言能力并不等于日常生活中的沟通表达，它是一种更为专业、细致乃至全面的表达能力。无论是内容的编排组织，还是辞藻的修饰润色，又或者是表达的思维逻辑，发言能力都有更为严格、更高层次的要求。

发言能力的高低，能在很大程度上影响一个人的自我发展与自我成就。那么，我们又该如何让自己具备出色的发言能力，成为真正的发言高手呢？答案就在这本《发言高手》中。

本书从当下的社会生活出发，以当代人的发言表达实际需求为基础，博采众多发言表达书籍的优点，以扎实的发言表达理论知识为基础编写而成。全书共分为六大部分，分别涉及发言的基础准备、言辞修饰、内容组织、修饰提升、突发应对及场景策略，由浅入深、环环相扣，保证每部分内容都紧密围绕“发言高手”展开，同时又为广大读者提供了更加丰富全面的知识普及。

此外，为了提升本书的阅读性和趣味性，我们还在书中编排了“树洞陌语”“树洞回音”“发言智慧”“灵活应变”“总结时刻”等阅读板块，力求通过不同板块内容的拓展，让大家更全面地了解发言的细节与技巧。另外，书中还绘制了生动贴切的插图，让大家在阅读过程中获得轻松愉悦的体验，更好地理解书中的内容。

阅读本书，能帮助大家对发言这件事有更加清晰明了的认识，同时也能付诸实践，在实际生活中不断锤炼自己的发言能力，早日成为真正的发言高手！

目 录

第一篇
打造稳固的发言基础

第二篇
言辞魅力，释放语言的迷人魔力

第三篇
内容为王，打造精彩的发言

第四篇
精益求精，让发言臻于完美

第五篇
从容应对，展现临危不乱的智慧

第六篇
为不同场景定制专属的发言策略

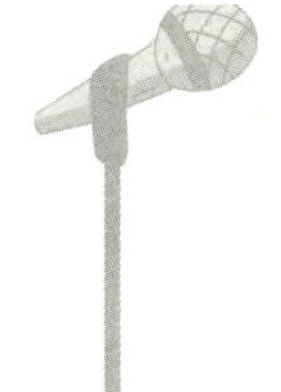

第一篇

打造稳固的发言基础

在准备发言时，首先要预设目标，不偏离主题，深入了解听众的需求。其次要不断丰富自己的知识储备，让发言具有说服力。最后别忘了提前预演，确保在正式发言时能够流畅自然。

精准预设发言目标，掌握发言的思维

树洞耳语

在公司的项目讨论会上，市场部的李沐被叫起来谈一谈对新市场推广计划的看法。

李沐有点儿紧张地站起来说：“大家好，最近我看见我们的竞争对手举办了一些很有意思的活动，给了我很多启示。我又想起前几天去参加的行业大会，那里非常热闹，给我留下了深刻的印象。还有，我发现部门的同事最近都很忙，每个人都在努力做事。昨天上班路上我还看到一块很有趣的广告牌……”

李沐讲了很多，没注意到同事脸上困惑的表情，因为大家都没太听明白他想说什么。他一会儿说竞争对手举办的活动，一会儿说参加行业大会，后面又说到自己上班路上的事，就是没说推广计划哪里好、哪里可以

改。这样的发言让大家从期待变成了困惑，带偏了会议的主题。

很快，会议室里的气氛慢慢变得有点儿不对劲，领导看起来也不太高兴。大家本来都盼着从李沐那儿听到点儿有用的，结果却听了一堆不相干的。最后，李沐的发言非但没帮上忙，反而浪费了大家的时间。

树洞回音

李沐在会议上的发言让大家听得云里雾里，就是因为他没有围绕新市场推广计划这个主题去发言。那么，为什么发言要围绕主题明确目标呢？

首先，围绕主题明确目标能让我们说话更简洁，直接说到点子上。比如开会说项目，就讲做了什么，还要做什么，这样也能节省大家的时间。

其次，围绕主题明确目标发言能让说的话更有力。比如谈价钱，就专门讲成本多少、市场行情、对双方的好处，这样更能增强说服力。

最后，围绕主题明确目标发言能避免误会。如果表达不清楚，别人就会漫无目的地猜测，而猜错了就会起争执。

精准锁定发言目标的艺术

在交流频繁的今天，发言是精准传递信息、影响他人的关键。让听众在有限的时间内理解并记住你表达的核心观点，是对发言者的挑战。

1. 确立清晰主线

准备发言，必须有个清晰的主线。比如，要说什么？中心是什么？学学企业家乔布斯，用几个串起来的故事传达同一个核心，听众一听就懂。这样组织内容，听众记得牢，发言也就更有意义了。

2. 内容组织有序

内容组织有序，就是说话要有条理。准备发言时，提前把复杂的东西分成简单的几点，每点都紧扣主题，讲得清清楚楚。发言的时候，要按逻辑排好顺序，比如从主要到次要，或者按解决问题的步骤进行。这样，发言就更加清楚，听众也容易跟上发言者的思路。

3. 设定表达锚点

设定表达锚点，让发言有条不紊。把要说的话分成几块，每块讲个小主题，这样发言就不会乱套了。这些小块就像路上的路标，给听众指明方向。这样的发言才更吸引人，大家也更容易跟上思路。

4. 表达次序明确

想把话说明白，顺序很重要。可以用“第一、第二、第三”这样简单的方式讲，信息既清楚又易懂。这样一来，听众不用费劲想就能理解。心理学家曾说，人一次记住的内容有限，所以我们要把复杂的内容讲简单些。

不少人在准备会议发言时会发现，明明之前思路清晰，结果一开口就乱了。想让自己的发言既清楚又有力，可以试试下面这三招：

1. 说话目的

开会时，每次发言应明确目标，要有方向性的指引，这样才能达到发言效果。准备发言稿时，思考一下发言内容是需要创新还是巩固，是求同还是深入。同时，简洁表达更易于听众理解和接受。总之，开会前要深思发言内容与目的，为会议顺利推进奠定坚实的基础。

2. 发言要素

会议发言三要素：评估可能性、确认事实、衡量影响。发言时，先想这事“行不行”，探索各种可能；再讲“实不实”，明确进展与未竟之事；最后“掂量”一下，全面考虑项目的规模、影响、成本和效益。这三要素能够帮助你发言有力，观点清晰，提升会议质量。

3. 思维框架

会议发言，条理清楚最重要。思维框架就像是发言的“导航仪”，三点论就像“切蛋糕”，每块都是精华，让人一听就能抓住重点。过去—现在—未来框架，则是把问题按时间排序，从头到尾讲明白，听众既能知道前因后果，又对未来有认知。选好框架，发言顺畅，信息集中，团队沟通和作决策就更顺畅了。

总结时刻

在准备会议发言时，我们首先需要界定发言的目的，这样可以帮助我们有效地聚焦发言内容，避免在讲话过程中偏离主题。接下来，为了使发言更加条理清晰，我们可以采用“三点论”或“时间线框架”来组织发言内容。除了内容方面的准备，实践练习和积极反馈也能提升发言能力。同时，我们也要对自己充满信心，相信自己能够做好充分的准备并成功完成发言。

了解你的听众，从听众角度进行思考

树洞随语

在公司的大会上，销售主管张海被叫上台来给大家讲讲他是怎么进行销售的。张海非常激动，准备好好露一手。

他一开口，就开始讲自己以前顶着困难，搞定大客户的故事。他说得特别细，连怎么跟客户聊天、怎么让对方心甘情愿地签单子都讲了。他越讲越来劲，讲得十分开心。

可台下的同事听了一会儿，就不耐烦了。新来的同事觉得这些故事跟他们现在的工作不沾边，他们更想知道怎么尽快上手，学点儿实际的销售招数。那些老同事听张海夸自己以前的成绩，听得耳朵都起茧子了，他们

更想听点儿团队合作、市场新动向这类“干货”。

张海却完全没有注意到大家的反应，还是按自己的思路发言。他没想明白大家到底想听什么，只是自顾自地说。这样一来，他的发言就变得既冗长又枯燥，下面的人开始小声聊天，还有人偷偷玩起了手机。

等张海讲完后，台下的掌声稀稀拉拉，跟他预想的大不一样。他这才反应过来，刚才光顾着自己说了，没考虑到大家真正想听什么，结果没有达到预期的效果。

树洞回音

俗话说：知己知彼，百战不殆。打仗时，对敌我双方有足够的、全面的了解，不管打多久，都能战胜对方。同样的道理，当你要想让听众听得进、信得过，就要先知道听众喜欢什么、心里的期望、想达到什么目标。仔细琢磨他们的想法，然后按照他们的偏好去准备你的发言内容。这样的发言，才更能打动人心。

让听众跟随你的节奏

想让发言打动人心，就要琢磨听众的心思。要知道他们想听什么、为什么想听，这样才能让他们跟着你的节奏走。

1. 抓住稍纵即逝的注意力

发言时，每分每秒都珍贵，因为听众的注意力一闪而过。人的注意力持续时间有限，通常为几秒到几十秒不等。所以，发言者要用心设计，让内容有起伏、语调有变化，持续抓住听众的心。

2. 关联听众利益，激发共鸣

想让发言深入人心，关键是让内容贴近听众。你要明白听众关心什么。有什么需求，围绕这些内容进行讲解。这样，他们一听就觉得“这说的是我的事”，自然就能听得进去了，可能还会主动与你互动。

3. 精简内容，尊重时间

发言时，要精简语言，挑重点说。发言效果的好坏，不在于时间长短，关键在于内容精不精彩，能不能说到听众的心坎里。

4. 情绪感染，掌控全场

在发言时，情绪感染是掌控全场的“金钥匙”。正如我们所知，情绪如同潮水，能够迅速蔓延。一个优秀的发言者，不仅要有深刻的见解和丰富的发言内容，更需具备操控情绪、引领氛围的能力。

灵活应变

发言时，如果从听众的角度进行思考与分析，就能够提升发言的吸引力和被接受度。下面进一步细化并拓展这些策略，以便助你更好地与听众建立连接。

1. 设身处地，引起共鸣

发言的艺术不仅在于华丽的言辞与严谨的逻辑，更在于发言者能否设身处地，站在听众的角度去感受与思考。发言者需要深入了解听众，从他们的视角去审视发言的主题，从而制订出更加贴近听众心灵的内容。

2. 假设引导，达成共识

发言时，“假设法”引导是与听众达成共识的重要策略。发言者通过运用假设，将自己置于听众的立场，设身处地思考他们的关注点。这种策略不仅能帮助发言者精准地把握听众的心理需求，还能有效地引导听众的思路，逐步达成共识。

3. 身临其境，深度体验

发言时，创造一种身临其境的体验是连接听众心灵的关键。通过生动的场景构建，发言者能将听众带入一个具象的世界，让他们仿佛亲身经历了发言中所描绘的每一个细节。这种深度体验不仅能让听众更加投入，还能促使他们从不同的角度审视问题。

总结时刻

发言的关键在于从听众的角度出发，通过换位思考，满足其心理需求，使发言更加贴心；运用假设法，从听众的视角思考，促进双方的理解与共识。同时，引导听众深入体验发言内容，增强共鸣，促进有效沟通。

此外，还需重视倾听的重要性。听众的注意力可能会发生波动，发言者应灵活应对，理解听众接收信息的障碍，确保发言内容被有效接收。

丰富知识储备，发挥资料的魅力

树洞随语

在一次行业交流会上，林聪获得了代表公司发言的机会。面对这一挑战，他的内心既激动又忐忑。

在日常工作中，林聪并没有持续学习的好习惯，他常常抱着“临时突击”的心态应对挑战。因此，在筹备发言之际，他只是在网络上搜集了一些零散信息，缺乏系统深入的分析与整合。

发言那天，一开始，林聪还能自如地讲一些公司概况和一些浅显的见解。但是随着听众提出的问题越来越深刻，他逐渐觉得力不从心，对行业的最新进展、竞争对手态势及专业知识全都缺乏了解与掌握。

更尴尬的是，在探讨一个核心趋势时，林聪因缺乏数据支撑，只凭模糊的记忆做出了误导性的解读，结果引发了台下专家的质疑和不满，他的脸色变得通红。林聪虽然想补救，但明显变得紧张起来。

最终，林聪在一阵尴尬的氛围中草草收场，他的发言不仅没给公司增光添彩，反而给业界人士留下了不好的印象，对公司声誉造成了一定程度的损害。这次经历让林聪深刻地体会到学习整理的重要性——平时不注重收集整理，重要场合就会出错。

树洞回音

发言能直接体现一个人的学问和教养。知识积累就像水潭蓄水，积累得越多，流得越远。要想发言表现得好，我们不仅要有深厚的底蕴，还要坚持不懈地学习。

知识要靠平时慢慢积累，多读书，才能让自己懂得更多，说话更顺畅。另外，看问题要全面、仔细，表达也要得当，这些也同样重要。

发言智慧

提升发言效果，丰富知识储备

丰富的知识储备是发言的基础。通过广泛阅读、持续学习以及积极交流与分享，我们能够不断拓展知识的边界，深化思考的层次。

1. 广泛且深入的阅读

要多读不同领域的书，比如文学、历史、科学等，这能让我们眼界更宽。对于好书，要深读，记笔记、写感想，这样才能理解得更透彻。还要会读书，快读或慢读都行，根据需要选方法。快读扫信息，慢读抠细节，这样有针对性地读书，效率才更高。

2. 持续学习与适应

多参与培训课程，能有效增强我们的应变能力和发言的质量。同时，学习新技能不仅能帮助我们紧跟时代步伐，还能使我们在发言中展现出自身的价值。此外，关注新闻，及时了解国内外重要事件，能够拓宽我们的视野，从而提升发言的广度和深度。

3. 积极交流与分享

多参加社交活动，和行业内外的人交流，能扩大人脉，学到新知识。加入学习小组或读书会，与同道中人共同进步。还要勇于分享自己的知识，写博客、发文章、做演讲，既能巩固所学，又能收获反馈，让表达更出色。

资料的搜集与运用

发言时，资料的搜集与运用至关重要。它们不仅是奠定内容的基石，更为发言赋予了生命。

1. 多渠道收集资料

图书馆和学术数据库是找资料的好地方，图书馆有各种书籍、期刊、报纸，学术数据库有专业论文和报告，如中国知网、万方数据都可以提供最新的研究数据，帮助你快速了解感兴趣的研究领域。

互联网也很方便，用搜索引擎、专业网站和社交媒体都能快速搜索信息，但你要有分辨真假的能力。实地调研和采访能拿到第一手资料，让发言更真实。最后，别忘了利用自身经验和知识，自己的经历和思考也是很好的发言素材。

2. 巧妙运用资料

精彩发言离不开精心准备资料。通过事实、案例、专家的研究成果来强化观点，增强说服力；运用故事、图片、视频等生动元素，提升发言的吸引力和记忆点，让发言更加令人难忘。在发言过程中，提出问题、分享争议，激发听众思考，可以更好地与听众互动。不过，注意引用方式要恰当，根据情境灵活选择直接引用、间接引用或概括引用。综上所述，充分准备并巧妙运用资料，是编写精彩发言的关键。

总结时刻

为了让发言达到理想效果，需要从多渠道精心收集资料，确保资料丰富且具有权威性。整合资料时，应保持逻辑清晰、重点突出，确保各部分内容连贯且融入个人见解。同时，需要根据不同场合与听众需求，灵活调整发言风格和内容。通过这样的准备与调整，你能够显著提升发言的说服力、吸引力和互动性，从而达到预期的效果。

确定大纲的主题，精准写好发言提纲

树洞随语

杨明原本以为今天的部门会议只是去旁听学习，早就准备好了笔记本，打算默默记录下会议的重点。然而，就在会议即将开始的那一刻，他突然接到了上级的紧急通知，要求他代表小组上台发言，分享对项目未来方向的看法。

这个消息来得太突然，杨明一时间有些手足无措。他本想好好准备一下，但时间已经不允许了。于是，他只能硬着头皮走上台去，开始了自己的发言。

然而，由于没有提前准备，杨明的开场白显得有些生硬，随后的话语也没什么关联性。他试图涵盖项目的各个方面，但因为心中没有一个明确的提纲，导致内容显得杂乱无章，重点也不突出。

台下的同事听着他的发言，脸上露出了疑惑的表情，有的甚至开始交头接耳。这让杨明更加紧张，语速也不自觉地加快。最终，在一片混乱的思绪中，杨明结束了自己的发言。

坐回座位的那一刻，杨明深感懊恼。他意识到，这次发言的失败，完全是因为自己没有提前做好准备。于是，他暗下决心，以后无论面对何种突发情况，都要提前做好准备，确保自己能够从容应对，不再让这种混乱的发言成为自己职场道路上的绊脚石。

树洞回音

俗话说得好："抓住主线，细节自然顺。"主线就像渔网上的总绳。抓住主线，难题就能迎刃而解，发言就会变得清晰有序。因此，发言高手都会先搭个框架。搭框架是发言的第一步。要想发言有分量、有条理，听起来有理有据，就要有完整实用的发言框架。

脱稿发言的艺术

确定脱稿发言的主题，其实就是让你搞清楚为什么要讲，你想跟听众说什么。

1. 脱稿发言的提纲

脱稿发言的提纲涵盖主题观点、分论点与论据材料三个方面。以马丁·路德·金撰写的《我有一个梦想》为例，它的主题是平等，通过多角度、分论点阐述思想，并融入历史及未来愿景，以增强说服力。提纲应该

简单，针对主要论点设分论点及论据。讲话时长取决于分论点及其论据的丰富程度，而非主要论点的数量。

2. 确定脱稿发言大纲的主题

写脱稿发言的大纲时，想清楚你要说什么很重要。首先要问问自己：为什么要讲这个？想让大家知道什么，或者想达成什么目标？从这个角度去思考，进一步明确提纲主题。确定主题的方法有很多：可以按时间顺序，这样讲有条理；可以按逻辑顺序，先讲原因再讲结果，这样更有说服力；还可以按话题顺序，由浅入深地讲。记得要多方面说明你的观点，并加入一些小观点来支持，这样你的发言才更有说服力。小观点的数量要依据你发言的时长而定，发言的时间太长会引起反感。

灵活应变

在确定了发言主题和分论点后，接下来便是广泛搜集信息，包括个人经历、经典故事、确切数据等，以构思讲话的脉络。下面具体探讨几种常见方式。

1. 自主创作与委托代写

自主撰写提纲，能确保发言内容贴近个人情感与真实想法，表达出自己最真实的想法。委托他人撰写虽能节省精力，但可能因双方之间立意的差异影响情感的表达，难以体现发言者的独特视角。因此，培养编写提纲的能力，对于提升发言的生动性和感染力至关重要。

2. 简略提纲与详尽提纲的权衡

简略提纲就像网站的导航，能够快速指引发言方向，但无法展示具体细节；详尽提纲就像全面的蓝图，能够细致地描绘每个环节。虽然撰写详尽提纲消耗的时间较多，却为发言者提供了全面且深入的参考，有助于发言内容的丰富与深化。

3. 标题式提纲与句子式提纲的选择

标题式提纲以精练的标题概括要点，便于快速浏览，但长期记忆时

可能模糊；句子式提纲是以完整句子或段落描述内容，具体明确，一目了然。两者各有优势，可以根据个人的记忆习惯及发言的具体需求来决定选用哪一种。

总结时刻

脱稿发言的成功离不开一个精心设计的提纲，提纲应包含主题观点、分论点及论据材料三个核心要素。确定主题观点时，要明确发言目的，考虑到听众的兴趣与需求。在制定大纲时，可采用时间顺序、逻辑顺序和话题顺序等方法，确保内容条理清晰、层次分明。此外，为了增强发言的说服力和感染力，应增加多个分论点，从不同角度深入剖析主题，并结合实际案例和数据进行论证。

提前准备并预演，把握发言注意事项

树洞随语

在公司举行的一场讨论会上，部门的成员正在对项目发表建议。轮到张烨发言时，他十分紧张。

张烨并没有事先准备，他原本相信自己能够即兴发挥。就在他站起身的瞬间，他才意识到自己的轻率与疏忽。

张烨断断续续地表达着自己的观点，陈述的过程缺乏连贯性与逻辑性。“呃……我认为这个项目，嗯…… 目前看来推进还算顺利，但……”他想要整理自己的思路，却发现自己没什么头绪。同事的目光也无形中给

他带来压力，让他倍感焦虑。

随着他发言的艰难进行，领导的表情逐渐凝重，周围的同事也开始低声交流。张烨知道自己的表现大失水准，幸运的是，在他感到手足无措之际，其他同事适时接过话题，以条理清晰的思路和切实可行的建议成功扭转了局面。然而，张烨的心中却难以释怀。他意识到，在如此重要的场合发言，缺乏充分的准备是多么不明智的选择。这次经历如同一记耳光，让他记忆深刻，提醒他在未来的工作中务必做好充分的准备。

树洞回音

在关乎职业发展、团队合作或项目推进的重要会议中，发言不仅仅是表达个人观点那么简单，更是一种展示专业素养、团队协作能力和领导力的方式。因此，提前准备并预演发言内容非常重要。在准备发言之前，首先要对项目、议题或讨论内容有深入的了解。有了明确的观点后，接下来就是将这些观点组织成有条理、逻辑严谨的发言稿。预演是检验发言效果的关键步骤。通过反复练习，我们可以熟悉发言内容，掌握语速、语调和肢体语言等细节。

发言前的精心准备与反复打磨

在重要场合发言，做好充分的准备是成功的关键。掌握以下几个关键步骤，确保你的发言既专业又具有说服力。

1. 资料收集与提纲构建

首先，明确你的发言主题和核心观点，列出初步大纲。这个大纲是你发言的骨架，确保内容全面且有序。接着，为大纲补充具体的数据、案例和实证，这会使你的发言更加充实。最后，从丰富的内容中提炼出核心的分论点，形成精练的提纲。这个提纲应言简意赅，逻辑清晰，即使你紧张忘词，也能迅速回想起关键要点。

2. 问题预演与解答准备

设想一下，同事和上司可能会根据你的发言内容提出哪些问题，提前准备好详细的答案。这不仅展示了你的专业素养，也体现了你的细致和周全。即使某些问题在讨论中未被提及，你也可以在提交的文案中主动备注相关信息，以便他人参考，这种前瞻性的工作态度会赢得他人的好感。

3. 预演流程与实战模拟

完成上述准备工作后，接下来你需要对这次讨论进行实战模拟。如果你是初来乍到的新员工，最好向有经验的同事请教一下，了解一下工作讨论的一般流程。比如，是上司先发表意见，然后大家再展开讨论；还是按照资历深浅，一个接一个地轮流发言；又或者是鼓励大家自由发表看法。另外，有些公司可能会对新人有“特殊照顾”，这就意味着你可能需要第一个站出来发言。提前了解清楚这些规则很重要，这样你就能大致预估到自己会在何时发言。

掌握了这些流程信息后，你就可以根据预测的发言时间，对自己的发言内容进行几次预演。通过反复练习，确保自己发言时能更加流畅、自信。

发言过程中的注意事项

发言是展示个人能力和观点的机会。然而，很多人并不知道如何有效地在发言中脱颖而出。以下是一些在发言过程中需要注意的事项，帮助你在各种场合都能得体、高效地表达自己。

1. 控制发言时间，言简意赅

很多人误以为发言时间越长，越能给人留下深刻的印象。实际上，言简意赅往往更能打动人心。在发言过程中，每个人都应紧扣主题，力求表达准确。因此，发言时间不宜过长。如果能在短时间内清晰传达信息，哪怕只有十秒钟，也能给人留下深刻印象。记住，简明扼要才是关键。

2. 保持良好心态，自信而不紧张

发言时，保持良好的心态至关重要。不要过于紧张，心慌意乱，甚至脸红“卡壳”。遇到问题时，要学会通过语言、行动、语音语调等的控制及时调整心态。有时，一个幽默的玩笑就能化解尴尬，给自己一个台阶下。

3. 学会总结与反馈，虚心求教

在他人发言后，你可以尝试用自己的话复述对方的观点，并询问对方自己理解得是否正确。这不仅是一个学习的机会，还能让其他人注意到你。同时，提问要尽量具体，这样才能让人知道你是认真听过和思考过的。

4. 注重开头结尾，引人入胜

发言的开头和结尾同样重要。开头可以巧妙借用发言时的场景、情境、对象等，增加发言的亲切感和趣味性。结尾则要有力度，强化发言的主题，重申和强调主要内容。这样既能给听众留下深刻的印象，又能让发言回味无穷。

5. 思维逻辑清晰，有理有据

发言时，思维逻辑要清晰，要有针对性，详略得当。重点要讲透，难点要讲清，疑点要讲明。不要信口开河，前言不搭后语。同时，发言要清晰，让听众能够听清，并能够友好地接受。

总结时刻

提前准备并预演是确保发言成功的关键。在正式发言前，投入时间与精力整理你的思路，明确发言的核心要点，甚至进行几次模拟演练，是极为明智的做法。这样的准备能让你在真正发言时显得更加自信。

通过细致的预演，你不但能更好地把握发言的各种注意事项，

还能让你的表达更加流畅，逻辑更加清晰。在预演的过程中，你还可以发现并修正可能存在的问题，比如思维跳跃、语言啰嗦、缺乏重点等，从而不断提升你的发言质量。

充分的准备永远是你最坚实的后盾。它能让你在关键时刻展现出最好的自己，让你的发言更加出彩，给人留下深刻而良好的印象。因此，不要忽视准备与预演的重要性，它们是助你发言成功的关键。

常见发言场景及话术

场景一：公司项目提案会议

话术：大家好，我今天的提案旨在解决我们产品的用户留存问题。考虑到大家关心的是市场反馈和效益提升，我搜集了大量用户数据和市场分析报告。主题是“优化用户体验，提升留存率”。这是我的提纲，稍后详细展开。

场景二：学校演讲比赛

话术：各位评委老师、同学们，我的演讲题目是“书籍是人类进步的阶梯”。我知道大家都对励志故事感兴趣，所以我会分享几位伟大作家的成长经历。我的演讲主要是由引言、三个故事及总结三部分构成，期待与大家产生共鸣。

场景三：社区环保倡议活动

话术：亲爱的邻居们，今天我想谈谈社区的环境保护。我知道大家都关心居住环境的改善，所以我准备了一些环保知识和成功案例。我的发言主题是“绿色生活，从我做起”。

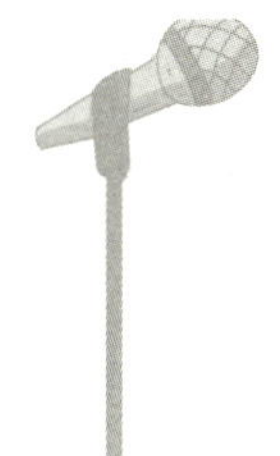

第二篇

言辞魅力，释放语言的迷人魔力

语言具有神奇的魔力，它不仅能加强思想的交流，消除心灵的隔阂，还可以拉近人与人之间的距离。发言作为一种独特的语言表达形式，应用范围非常广泛。如何成为一个发言高手呢？让我们一起解锁发言的技能，掌握发言的要领，通过发言去展现自己的魅力！

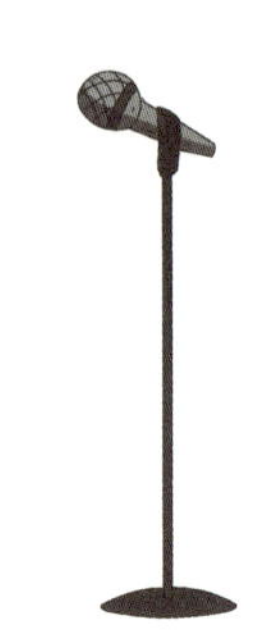

精准表达简洁明快，避免歧义和误解

树洞隐语

刘鹏是某互联网公司的程序员，他的专业技能在部门数一数二，但他一直不擅长发言，这在一定程度上限制了他的职业发展。

一次，公司接到了一个很大的项目，并为此专门成立了一个项目组，但项目组负责人的人选一直没有定下来。考虑到刘鹏的工作表现一直很好，经理在项目会议上点名让刘鹏发表一下自己的看法。刘鹏站起来后神色紧张地说："这个项目呢，呃，我觉得虽然有点儿难度，但是也没那么难。嗯，我觉得呢，以咱们现在这个小组的工作能力，嗯，应该是差不多的……"刘鹏的发言让很多同事听得犯迷糊，经理的脸上也露出了些许不

耐烦的神色。接着，经理又问道："那你觉得以咱们现在的人员配置，能按期交工吗？"刘鹏说："我觉得应该差不多。"刘鹏说完以后，经理心里也没底了，他不确定若让刘鹏带领团队项目是否可以如期完成。随后，经理又点名让同部门的赵亮发言，看着赵亮侃侃而谈的样子，刘鹏的心里懊恼不已。他知道，因为不善 于发言，自己再一次错过了升职的好机会。

树洞回音

很多人之所以在发言时无法将自己的真实意思表达出来，是因为言语不够简洁明快，容易产生歧义，让人误解。言不在多，而在于精。在发言的时候，言语一定要简洁明快。这样的发言能给他人留下思维敏捷、性格果断、自信爽快的印象。同时，它还能节省时间，提升沟通的效率。反之，冗长的发言除了让听众感到疲倦，还容易产生歧义，使人曲解发言者的意思，从而对发言者的个人能力心存怀疑。

发言智慧

要想发言效果佳，言语要精准简明

在发言的时候，有些人总是会有词不达意的困扰。要想改善和提升发言的水平，我们就要做到言语精准简明。那么，我们应该怎么做呢？

1. 口齿清晰

发言的最终目的是让听的人能懂，听懂的前提是让人听清，因此在发言的时候一定要口齿清晰。在日常生活中，我们可以培养朗读的习惯，对于不确定的发音要及时查阅工具书，这样我们的吐字才会更清晰，发音才会更准确。

2. 简明扼要

言语简洁、言之有物，对提升发言效果很有帮助。在发言之前，我们可以先在心里组织和筛选一下自己的语言，去掉那些没必要的话语，把自己的想法做一个排序，这样可以避免发言冗长、没有重点。

3. 避免重复

短时间内频繁使用同一词汇容易让他人产生疲劳，让人失去听下去的兴趣。因此在发言的时候，我们要尽可能保证语言的多样化，不要重复使用同一词语。这就需要我们平时保持学习的习惯，增加自己的词汇量和知识储备。

4. 避免口头禅

在发言的时候，口头禅会分散听众的注意力，让人感觉不知所云。因此，不管是在日常生活中还是正式场合，我们都要尽量避免使用口头禅。如果你也有自己的口头禅，一定要有意识地慢慢戒掉它。

巧妙发言，避免歧义和误解

在发言的时候，因为言语不当引发歧义和误解的情况并不少见。为了避免这样的问题，我们需要注意以下几方面：

1. 使用普通话

在发言的时候，我们要尽量使用普通话，以减少歧义和误会发生的概率。方言虽然独具特色，偶尔使用能调节气氛，但因为各地风俗习惯、语音语义不尽相同，用方言发言可能会引发误解，因此在使用的时候要慎重。

2. 不随便省略句子成分

在发言的时候，虽然我们要尽量做到简洁明快，但简洁明快的前提是表意必须清晰完整。因此，不要为了追求简洁而随便省略句子成分，尤其是主语和关键词，否则非常容易造成歧义和误解。

3. 用词和语气要得当

在发言的时候，我们要选用恰当的词汇，避免使用模棱两可的词和生僻词。如果必须使用专业术语，在发言的时候要对这些专业性词汇加以解释，以确保他人能听懂。在汉语中，即使是同样的词语，语气不同，意思也可能会有差别，甚至相反。所以，在发言的时候我们要注意语气的把握，这样才能避免产生歧义和误解。

总结时刻

在发言的时候，要想让听众能听懂，我们必须保证自己的表达是精准到位的。在明确想要传达的信息后，我们要尽可能地选择简明扼要的词语来组织语言，不要长篇大论，那样容易让听众抓不住重点。为了避免歧义和误解的产生，我们可以针对发言的环境和对象对内容进行筛选，尽量规避生僻词、多义词及专业词汇，必要时还要对这些词语进行补充说明。

丰富的修辞来修饰，提升发言的生动性

树洞陋语

刘琳是一名设计师，她性格内敛，不善言辞。一次，公司举行创意大赛，得胜者有机会参与公司的重要项目。大家都知道这是一个崭露头角的机会，一个个摩拳擦掌，刘琳也不例外。

比赛分为初赛和复赛两个环节，刘琳的作品顺利地通过初赛，进入了复赛。到了复赛的那一天，除展示作品外，设计师还需要上台讲一讲自己的创作理念。刘琳的作品很有创意，受到了很多人的认可，大家都期待她在解说环节有突出的表现。可是刘琳上台以后非常紧张，她说："我的设计初衷是改善人们的居住环境，将有限的空间最大限度地利用起来。我的作品倡导的是简约和环保，希望大家能喜欢。"她说

完后，评委略显失望，一位领导问道："你还有什么要补充的吗？"刘琳知道领导是在给她机会，让她多讲一些，但是她实在不知道说些什么，只能说："我讲完了。"刘琳这段平淡且过于简短的发言，让她在这个环节拿到的分数很低，最终无缘得胜。

树洞回音

在生活中我们不难发现，那些包装精美的物品更容易吸引人的眼球，博得人的好感。同样的道理，要想提升发言的魅力，我们就要让语言"美"起来。汉语文化博大精深，修辞手法有几十种，它们就像语言的"化妆品"，虽然作用各不相同，但都能起到修饰语言的作用。如果语言"素颜出镜"，会让人感觉兴致索然，若用修辞加以修饰，则会让发言变得更生动。因此在发言的时候，我们一定要善于利用修辞手法。

巧用修辞，让发言更精彩

对于发言来说，修辞是"漂亮的衣服"，是"好用的化妆品"，是"变美的魔法棒"，它能让平淡的发言变得生动有趣。那么，常用的修辞手法有哪些呢?

1. 比喻

比喻是用和甲事物有相似之处的乙事物来描写、说明甲事物的修辞手法，它由本体、喻词和喻体组成。在发言中，使用比喻的修辞手法能让描述更生动形象，道理更浅显易懂。例如，雪花像蝴蝶一样在空中飞舞。这句话把雪花比喻成蝴蝶，生动地描绘出雪花飞舞的样子，有很强的画面感。

2. 比拟

比拟是把甲事物当作乙事物来描述、说明的修辞手法，由本体和拟体两部分组成，分为拟物和拟人两类。在发言中，运用比拟的修辞手法能增加语言的趣味性，激发听众的想象力。例如，月亮露出了微笑，星星也在不停地眨着眼睛。这句话就运用了比拟的修辞手法，赋予了月亮和星星人的动作和表情，让发言妙趣横生。

3. 排比

排比是指把三个或三个以上意义相关或相近、结构相同或相似的词组并列在一起的修辞手法。在发言中，运用排比的修辞手法能增强发言的气势，让发言的节奏更鲜明，更有感染力。例如，青春是一支美妙的歌，青春是一首朦胧的诗，青春是一朵盛放的花。通过排比，听众的情绪能迅速被调动起来，发言的效果也会更好。

巧用辅助，让发言更生动

生动的发言具有感染力，能提升发言的效果。在发言的时候，我们可以巧用一些“辅助”，提升发言的生动性。

1. 用多媒体做辅助

除单纯地用语言表达外，我们还可以在发言的时候加入图片、视频、幻灯片、音频等，这样能让发言变得更直观、更生动，增加发言的趣味性。

2. 用故事做辅助

如果能加入一些与主题相关的故事，发言的生动性会得到很大的提升。在用故事辅助发言的时候，要注重对故事情节的描述，这样听众的感受会更强烈。此外，与平淡的故事相比，人们更喜欢听那些有冲突、有感情的故事，因此，在用故事辅助发言的时候可以在这个方面发力。

3. 用贴切的语言做辅助

对发言加以润色和修饰，能让发言变得更加生动。语言的选择要贴

合发言的主题，除可以用比喻、拟人、对偶等修辞手法外，还可以旁征博引，引用一些名言、诗句、谚语等，增强发言的感染力。

总结时刻

要想让发言拥有“美丽的外表”，我们可以从言辞的修饰和提升发言的生动性这两方面着手。在言辞的修饰方面，我们可以选取一些恰当的修辞手法，不同的修辞手法会产生不同的效果。在提升发言的生动性方面，我们既可以借助精彩的故事、丰富的语言，也可以借助图文声像等不同形式来实现。

把握好语调和语速，让发言更有节奏感

树洞细语

张帆是一位车间维修技师，他因为在工作上的优秀表现被评为“年度服务之星”，并被要求在公司年会上作为优秀员工代表上台发言。他的领导在年会前一个星期就提醒他准备发言稿，他也利用业余时间做了很多准备，但是真到了上台的时候，他表现得还是不够好。虽然没有出现忘词的情况，但是因为台下的人太多，张帆的心情太过激动和紧张，以致他满脑子就想着赶紧讲完。年会的发言都是脱稿的，张帆站在台上语速飞快地说了起来，根本不给台下的领导和同事反应的时间，很多人没有听明白他

讲的到底是什么。和之前上台的其他领导和同事节奏感强、饱含感情的发言相比，张帆的语调过于平缓，加上语速过快，让他的发言显得有点儿滑稽，给人一种“赶鸭子上架”的感觉。

树洞回音

除了语言本身，语调、语速和节奏等细节都会直接影响发言的效果。合适的语调、语速和节奏能够有效地缓解发言者的紧张情绪，使发言者自信从容的个人风采得到尽情展现，同时也能使发言更具有说服力和感染力。对于听众而言，适当的语调、语速和节奏能让他们有更多的时间、更好的心态去思考和领悟发言的重点所在。因此，发言者一定要把握好语调、语速和节奏。

发言智慧

把握好语调和节奏，让发言有活力

语调和节奏能为发言注入活力，吸引听众的注意。没有语调和节奏的发言，则会让人感觉索然无味。那么，在发言中如何把握好语调和节奏呢？

1. 升调和降调要区分

在发言的时候，我们要根据发言内容和感情色彩，随时对发言的语调做出调整。语调有升调和降调之分，同一句话的升调和降调不同，表达的意思和感情色彩也会不同。句末用升调，语气就会变成疑问；而句末用降调，语气就会变成陈述、祈使、肯定等。比如，小明说：“是我？”这句表达的是疑问，最后一个语调就要使用升调。小明说：“是我。”这句表达的则是陈述，最后一个语调应该使用降调。

2. 升调和降调搭配使用

人们常说：有理不在声高。发言也是如此，发言的时候，就算是自己的内容和观点都无可挑剔，如果不能把握好语调，照样效果不佳。在发言的时候语调过高，会给人一种强势和咄咄逼人的感觉，缺乏亲和力。但是语调也不能过低，那样会让人感觉萎靡不振，缺乏活力，会削弱发言本身的感染力。应该升调和降调搭配使用，声音有高有低，这样才能让发言具有节奏感，也才能抓住听众的耳朵和心，对听众产生吸引力。

控制语速，塑造发言的风格

语速的快慢会影响发言的风格和节奏，带给听众的感受也会有差别。在发言的时候，要适当控制语速。

1. 善用不同的语速

语速分为快速、中速和慢速，每分钟200个音节左右为中速，是日常生活中讲话的语速，超过这个标准为快速，低于这个标准则为慢速。在发言中，表达紧张、兴奋、欢快等心情的时候要选择快速，正常陈述用中速，表达哀伤、沮丧等心情时则用慢速。根据发言的内容调整语速，能让语言更有感染力，让听众更容易产生共情。在使用不同的语速时，要以“快而不乱，慢而不拖”为原则。

2. 善用延长音

延长音是指将声音拉长。在发言的时候，说到重点信息或者想要引起听众注意，可以适当使用延长音。需要注意的是，延长音的使用不要过于频繁，否则会适得其反，让听众抓不住重点。

3. 善用停顿

发言的时候不要一气呵成，要学会适当停顿。发言者在发言的过程中除展示自我外，还要注意和听众之间的互动。适当地停顿，能给听众留一些反应和思考的时间，在停顿间隙，发言者也能根据听众的反应对接下来的发言节奏做出适当的调整。

总结时刻

要想让发言优美动听、更有节奏感，在表达的时候就要控制好语调和语速。尽管语调有升降之分，语速有快慢之别，但是它们都有各自存在的意义。通过巧妙的结合，它们可以共同形成一段打动人心的发言。

学会控制你的声音，抑扬顿挫凸显重点

树洞陋语

王磊是一个职场新人，他所在的公司很乐于给年轻员工提供锻炼的机会。转眼间已经过了试用期，王磊顺利转正。在当月的全员会议中，领导点名让王磊发言。王磊平时说话嗓门就很大，再加上刚刚转正，情绪比较激动，当天发言的时候，他的声音比平时还要高亢。这让参加会议的同事觉得非常难受。坐在王磊左右两边的同事甚至假装托腮，悄悄地用手挡住了耳朵。他说完以后，大家都不知道他发言的重点是什么，能记住的只有他那洪亮的声音。回家以后，王磊收到了一条领导的微

信，微信的内容是："小王，你今天的发言声音非常响亮，让我感受到了你饱满的工作热情。如果下次讲话能够抑扬顿挫一些，你的发言一定会更加精彩。"看了领导的信息，王磊想了一下，自己今天的发言的确没有控制好音量，他决心改掉自己的这一缺点。

树洞回音

控制好声音是提升发言魅力的一个重要方法。在日常生活中，我们常听到有人用"说话像唱歌一样"来形容他人说话好听，说话时适当的抑扬顿挫和歌曲中的音符具有同样的作用。抑扬顿挫除了能让发言时的声音更加动听以外，还能让人快速抓住发言的重点，了解发言者的思想感情。因此，要想在发言的时候有出色的表现，我们就要学习和练习声音的控制技巧。

学会控制声音，让发言更清晰

在发言时，要想将语言清晰地传递出去，我们就要学会控制声音。我们可以从以下几个方面努力：

1. 控制说话的重音

在发言的时候，如果想要对某些内容加以强调，就需要使用重音。重音能让发言更有力度和感染力。一般情况下，重音是通过提高音量来实现的，使用时将重音落在需要强调的内

容上，彰显发言的重点。

2. 控制说话的音量

要想让发言更清晰，就要根据发言时所处的环境和场合控制自己的音量。如果发言的环境较为空旷，则需要适当地提高音量；如果听众人数较少，则可以将音量降低。

3. 改掉错误的发音方式

鼻音、喉音、虚声和喊叫等都是错误的发音方式。发言时，如果使用前三种发音会让发言听起来含混不清，发言者也会给人留下不自信、有气无力的印象。喊叫则会让气氛紧张，还容易分散听众的注意力。

巧用重音和停顿，让发言抑扬顿挫

正确使用重音和停顿，能帮人改掉说话轻重不分、胡乱停顿的毛病，让发言抑扬顿挫，更有说服力。具体做法如下：

1. 巧用重音

除了用提高音量的方法体现重音以外，我们还可以通过控制声音的强弱、虚实来体现重音。对于需要强调的部分，发言者要用强音、实声，其余部分则用弱音、虚声，这样有强有弱、有虚有实能够在内容上凸显重点。

2. 巧用停顿

在发言的过程中，发言者可以根据语法、逻辑、感情和自身的生理状态稍作停顿。在汉语中，标点符号表示停顿，我们也要根据发言稿或者腹稿中的隐性标点稍作停顿。在发言中，某一个语意表达完的时候，也要稍作停顿，留给听众一些消化和思考的时间。当发言中涉及感情的时候，为了渲染和凸显自己的感情，发言者可以在表达的时候稍作停顿。此外，如果发言涉及一些长句子，发言者也要稍作停顿，让自己和观众都能喘口气。

总结时刻

一段发言要想获得满堂彩，除发言的内容必须精彩外，发言时的声音表现也很重要。因此，在发言的时候，我们一定要控制好自己的声音，这样发言的重点才能得到凸显，听众才能更好地接收发言者所传达的信息和情感。

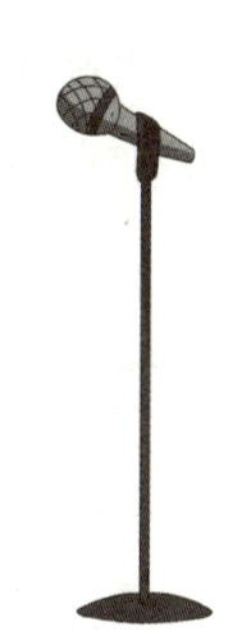

肢体语言是加分项，微表情也有大作用

树洞随语

郑晓是中文系研究生，毕业以后顺利进入本市的一所高中任教，成为一名高二年级的语文老师。在带班的第一天，郑晓就顺利地“俘获”了同学们的心，这一切都要归功于她精彩的发言。

郑晓进入教室后并没有急着讲课，她的脸上带着亲切温暖的笑容，向大家自我介绍道：“大家好，我是郑晓，这个学期将要担任你们的语文老师，请大家多多指教！”说完以后，她还向同学们微微躬身。同学们瞬间就被这个没有架子的老师吸引住了。

“说到学习，我可不是让你们死记硬背。”说着，郑晓轻轻扬了扬手中的课本，她模仿起高中时自己偷偷在课桌下看小说的情景，双手合十放

在课桌边缘，眼睛却偷偷瞄向桌下，嘴角勾起一抹顽皮的微笑，微表情仿佛在说："我们都曾是那个渴望探索世界的好奇宝宝。"这一举动立刻引起了同学们的共鸣，有几个胆大的学生甚至开始模仿起来，教室里弥漫着一股轻松愉快的氛围。

"但是，别忘了，偷看书的同时，也要学会高效地吸收知识。"郑晓话锋一转，双手十指交叉置于胸前，眼神变得坚定而专注，仿佛是在传递一个重要的信息："学习就像一场马拉松，需要策略和毅力。我既是你们路上的引导者，也是你们的伙伴。"这样的肢体语言，既展现了她的专业素养，又让学生感受到了她的真诚与关怀。

为了让大家更直观地理解"偷袭"一词的含义，郑晓突然提高了音量，身体微微前倾，眼神闪烁着狡黠的光芒："比如，我会在某个不经意的瞬间提问你们刚才我提到的某个文学作品的作者，或者让你们即兴写一篇小短文。不要以为我不注意，其实我一直在观察你们哟！"说完，她还故意做了一个"窥视"的动作，眼神从左到右扫视全班，引得学生们一阵哄笑，同时也让他们意识到，在这个课堂上，每一分、每一秒都值得珍惜。

发言的尾声，郑晓用温柔而有力的声音说："我相信，我们不仅仅是师生，更是共同探索文学世界的旅伴。"她轻轻张开双臂，做了一个拥抱的动作，虽然并没有真的触碰到任何一个学生，但那份温暖和包容已经传递给每一个人。

随着郑晓发言的结束，教室里响起了热烈的掌声。学生们脸上的表情从好奇、兴奋到最后的敬佩。他们似乎都已经准备好，要在郑晓的带领下开始一段全新的学习旅程。

树洞回音

很多人对于"发言"的理解是口头表达，其实这种观点是片面的。因为除了语言以外，我们的肢体语言和微表情同样具有传情达意

的功能。肢体语言和微表情是人的情感、心理和情绪的外在反映，具有很强的感染力。在发言的过程中，如果能适时加上一些肢体语言和微表情，发言的水平一定会得到提升。

善用肢体语言，为发言加分

要想让发言更完美，我们就要将肢体语言充分运用起来。有哪些肢体语言可以为发言加分呢？

1. 体态

体态能反映出一个人的心理状态。我们常说：站有站相，坐有坐相。在发言的时候，挺拔的体态能帮助发言者树立良好的个人形象。发言一般是站立进行的，站着的时候要站直，正面面对观众，这是对观众的尊重和基本礼貌。不要弯腰驼背，也不能把侧脸留给观众。

2. 目光

眼神能传递大量的信息。在日常交流中，我们常会在说话的时候正视对方以示真诚。在发言的时候，发言者也要将目光投射到听众的位置，目光不要到处游移，也不要频繁地眨眼睛，这样能更好地和听众产生互动。

3. 手势

手势能够增强发言的表达力，引起听众的注意。因此，我们在发言的时候，可以适当地加入一些手势。但是，手势的动作幅度不要过大，使用也不要过于频繁，否则会让人感到浮夸。

4. 面部表情

如果发言者的面部表情轻松愉悦，听众也会感到快乐和放松，为发言加分。因此，在发言的时候，我们要做好面部表情的管理。

巧用眉目语言助力发言

眉目语言作为微表情的一种，如果使用得当，会对发言产生积极作用。我们可以从以下几种眉目语言入手为发言助力：

1. 环视

发言者走上台以后，通过环顾全场，可以迅速对全场情况有个大致的

了解，能够根据听众的状态调整自己的发言和状态。此外，发言者环视全场也是一种对听众表达尊重和礼貌的行为，能给人留下落落大方的好印象。

2. 对视

在发言的时候，会有一些热情的听众在台下对发言者表示支持，发言者可以和这样的听众对视，表达自己的感谢，这类听众一般在对视后会受到鼓舞，对带动发言气氛发挥积极作用。在发言的时候，如果遇到不遵守现场秩序的听众，发言者也可以通过对视对这类听众进行善意的提醒，以保证发言的顺利进行。

3. 虚视

虚视是指在发言的过程中用眼神扫视全场，看似是在看某个人，实际谁也没有看。对于那些没有认真听的听众，虚视是一种提醒，可以让他们把注意力重新放到发言上去。此外，不少发言经验较为欠缺的人也会用虚视这种眉目语言掩盖自己紧张、焦虑的心情。

总结时刻

除了言语能够传递信息，肢体语言和微表情也具有同样的作用。在发言的时候，除了用嘴说，我们还要将肢体语言和微表情充分地调动起来，为发言增光添彩。相比于言语，肢体语言更能将发言者内心的真实想法和感受显露出来。因此，要想让它们发挥积极作用，我们就要对它们做好管理，包括面部表情、肢体动作、手势、着装、行为习惯等。

常见发言场景及话术

场景一：年终总结大会

话术：各位同事，大家好！今年，我们团队取得了显著的成绩，就像破晓的曙光照亮了前行的路。在此，我想清晰地向大家汇报。对于关键成果，我会加重语气，请大家注意。同时，我的每一次点头和微笑都代表我为团队骄傲。谢谢大家！

场景二：产品发布会

话术：尊敬的来宾，朋友们！我们即将揭开的，不仅是一款产品的面纱，更是科技与生活的完美邂逅。我将带您走进它的世界。讲到核心功能时，我的声音会充满力量，让您感受到它的震撼。我的每一个手势，都是对这款产品信心的传递。让我们共同期待它的诞生！

场景三：毕业典礼演讲

话术：亲爱的老师们、同学们！今天，我们用青春的笔触，在人生的画卷上留下了最灿烂的一笔。我将回忆我们的点滴。在讲述那些难忘瞬间时，我的声音会带着一丝怀念，让您感受到时间的温度。感谢这段旅程，感谢有你们！

第三篇

内容为王，打造精彩的发言

在发言时，好的内容具有极强的吸引力。不需要花哨的辞藻，只凭深刻的见解和真挚的情感，就能让听众聚焦核心。精练语言，使每一次开口都直击人心，让发言成为不可复制的精彩。

说好发言开场白，吸引听众更有谱

树洞随语

作为创业者的代表，明远在一次行业交流会上获得了发言的机会。他站在聚光灯下，面对着台下众多业界前辈与同行，心中既兴奋又紧张。他深吸一口气，开始了自己的开场白。

“尊敬的各位同人，大家下午好。首先，请允许我表达最诚挚的感谢……”话匣子一打开，明远仿佛打开了倾诉的闸门，从筹备会议的辛苦，到团队成员的日夜奋战，再到对听众的期待与尊敬，他一一道来。

然而，随着他的话语不断涌出，台下的氛围悄然发生了变化。听众从最初的期待转为些许不耐烦，眼神中透露出对重点内容的渴望。明远沉浸

在自己的世界里，没有察觉到这微妙的变化，依旧滔滔不绝。

直到主持人委婉地提醒他时，明远才猛然发现自己已偏离主题甚远，开场白冗长而无焦点。于是他匆匆收尾，转入正题，但那份因开场不佳而失去的吸引力已难以挽回。

树洞回音

讲话主题的重要性，就好比航海中的指南针，为整个航程指明了方向。无论你的表达多么精彩，如果没有一个清晰、核心的主题，就像船只失去了目标，在茫茫大海中漫无目的地漂泊。一个明确的主题，能让听众迅速抓住你讲话的精髓，理解你的核心观点。因此，精心选择和阐述讲话主题，是吸引听众注意力的关键。

发言智慧

抓住关键的开场白，才能赢得全场瞩目

在发言中，开场白如同磁石，能立刻吸引听众的注意。那么，如何才能打造精彩的开场白，赢得满堂彩呢？

1. 亲和表达，拒绝高深

用通俗易懂的语言拉近与听众的距离。避免使用专业术语或复杂词汇作为开场白，那会让听众感到陌生和排斥。用日常用语讲述，让每个人都能

跟上你的节奏，感受到你的真诚与亲近。

2. 精练主题，言简意赅

避免冗长与过度重复。直接而有力地引入主题，让听众一听即明，兴趣盎然。记住，简洁明了是抓住听众内心的第一步。

3. 自信满满，积极互动

自信的姿态能增强你的说服力，让听众信服。同时，积极与听众互动，用眼神交流、提问等方式激发他们的兴趣，让发言成为一场双向的对话。

4. 平等尊重，聚焦内容

无论听众的身份地位如何，我们都要尊重他们每一个人。不要在开场白中刻意区分重要与非重要人物，否则会让听众感到被忽视。将焦点放在你的发言内容上，用精彩的讲述和有力的论据来征服听众的心。同时，保持乐观积极的态度，面对意外情况也要从容应对，展现出你的专业素养和应变能力。

直击开场白，才能无懈可击

开场白，作为发言的序幕，直接关系到发言的成败。可以用以下三种方式让自己的开场白成为全场的焦点。

1. 灵活应变，定制专属开场白

陌生环境中的开场白，幽默风趣是不可或缺的调味剂，不仅可以营造轻松的氛围，还能够促进合作与交流。在严肃正式的场合，则应直截了当，直奔主题，展现专业与严谨。创新是开场白的灵魂，避免千篇一律，让每一次发言都成为独一无二的精彩呈现。

2. 自我介绍的艺术：个性与互动并存

突出个人特色，让听众在众多声音中记住你。此外，将自我介绍与现场情境巧妙融合，即兴发挥，增强互动感，使发言更加生动有趣。

3. 经典开场策略：引领听众入戏

楔子与引子的运用，如同情感铺垫，能够逐步将听众引入主题。通过

自我批评展现谦逊与真实，赢得听众的好感与信任。逸闻趣事与提问引导相结合，激发听众的好奇心与探索欲，引导他们主动参与思考，成为发言的参与者而不是旁观者。

总结时刻

精彩的开场白是吸引听众的关键，四个技巧助你打造满堂彩：首先，亲和表达，用日常用语拉近与听众的距离，避免高深词汇造成隔阂；其次，精练主题，直接点明要点，避免冗长乏味，让听众一听即懂；再次，自信满满，积极互动，展现你的热情与专业素养，用眼神和提问激发听众兴趣；最后，平等尊重，聚焦内容，尊重每一位听众，用精彩的讲述和有力的论据征服人心。遵循这些原则，你的开场白就能瞬间吸引听众，为整个发言奠定成功的基础。

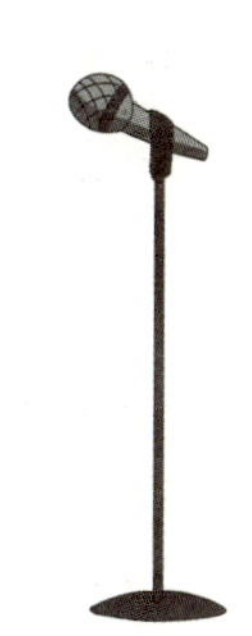

发言内容接地气，引发情感共鸣

树洞咀语

青年作家承泽受邀在小镇的图书馆分享他的新作——一部描写乡村变迁与人文情怀的小说。他提前做了精心的准备，期望通过文字的力量，让听众感受到他对故土的深情与眷恋。

然而，当承泽站在聚光灯下开启他的讲述时，却沉浸在自己构建的文学世界中，详细地剖析着小说的每一处细腻笔触，从人物的心理刻画到环境的细腻描绘，无不透露出他对艺术的追求与热爱。但这份专业与深度，却像一道无形的墙，隔绝了他与听众的情感链接。

他忽略了人们更渴望听到的是那些关于生活、关于梦想、关于爱与失去

的平凡故事，是如何在时代的洪流中保持初心，如何在日常琐碎中寻得幸福与安宁的点滴。承泽的讲述虽然听起来十分华丽，却难以触及听众心中最柔软的部分。

随着发言的深入，听众的眼神逐渐变得空洞，交谈声、翻书声悄然响起。承泽这才意识到，自己的讲述缺少了那份能够触动人心、让人感同身受的“地气”。

树洞回音

接地气，是发言触动听众心弦的关键。要想让发言内容更具吸引力，发言者必须使用贴近群众的语言。听众往往对新鲜事物充满好奇，对老生常谈的内容则容易产生厌倦。因此，要想在发言中脱颖而出，不落俗套，就必须摒弃陈词滥调，多讲些接地气的话。

接地气，意味着要广泛接触人民群众，了解他们的所思所想，用他们的语言来表达。这样不仅能拉近与听众的距离，还能让发言内容更加生动、真实。要避免使用过于专业或复杂的词汇，选择通俗易懂的语言来表达，让每个人都能听懂你的发言。只有这样，才能让观众感受到你的真诚与热情，从而关注你的发言内容，达到预期的发言效果。

如何做到发言接地气？

接地气，就是要让自己的话语贴近群众，与听众产生共鸣，让每一次发言都成为一次心灵的对话。那么，在发言过程中，如何让自己更接地气呢？

1. 深入了解听众

接地气的前提是了解听众。在发言前，要深入了解听众的背景、需求和期望。只有真正了解他们，你才能用他们熟悉的语言、关心的话题来构建发言内容。这样的发言，才能更容易被听众接受和理解。

2. 分享真实经历

真实的经历往往最能打动人心。在发言中，不妨分享一些自己的真实经历或身边的故事，用这些生动的故事来阐述观点、传递情感。这样的发言，不仅能让听众感受到你的真诚，还能让他们更容易产生共鸣。

3. 使用通俗易懂的语言

避免使用过于专业或复杂的词汇，选择通俗易懂的语言来表达。接地气的话语往往简单明了，能够直击人心。在发言中，要时刻关注听众的反应，及时调整自己的语言风格，确保每个人都能跟上你的节奏。

4. 积极互动，倾听反馈

接地气不仅仅是单向的传递信息，更是双向的互动。在发言过程中，要积极地与听众互动，倾听他们的反馈和意见。这样的互动，不仅能增强发言的吸引力，还能让听众有参与感和被重视的感觉。

如何发言才能引起听众的情感共鸣？

在发言的过程中，引发听众的情感共鸣是提升演讲效果的关键。以下是一些实用的方法，可以帮助你在发言时触动听众的心弦。

1. 用真实故事触动人心

为了打动听众，你可以分享一个充满情感的故事。这个故事可以是你的个人经历，也可以是他人真实发生过的事，但最重要的是要保证它的真实可靠。

在叙述故事的过程中，要细致入微地刻画细节。通过描写角色的神态、举止、言语以及周围的场景，你可以让听众仿佛置身于故事之中，更好地体会故事中的情感。此外，运用充满情感色彩的语言来传达角色的内心感受，比如“兴奋”“愤怒”等，能够进一步增强故事的吸引力，使听众在情感层面与你产生强烈的共鸣。

2. 用情感化的语言打动人心

在发言时，挑选那些能打动人心的词语是触动听众情感共鸣的有效方法。比如“爱”“希望”“勇气”和“温暖”这样的词汇，能让你的话语

变得鲜活而具体，直接触动听众的内心。

同时，真诚地流露自己的情感也非常关键。不必隐藏自己的真实感受，而是要展现出你的热情和真挚。坦诚地表达更容易让听众感同身受，在你的发言中找到共鸣点，进而更加深刻地理解你所传达的信息。

总结时刻

接地气就是要让发言内容贴近实际、贴近听众，再用情感去打动他们。只有这样，你的发言才能深入人心，让听众愿意听、听得进，从而达到预期的效果。

要让发言内容接地气，首先要贴近听众的生活，用他们听得懂、感兴趣的话题和语言来展开。别用那些高大上的词汇或远离生活的例子，要让听众觉得事情就发生在自己身边，这样才能拉近彼此的距离。

同时，发言还要能触动人心，引发情感共鸣。要找到听众的“软肋”，用真诚的话语去触碰它。比如讲讲大家共同经历过的困难，或者分享令人感动的小故事，这些都能让听众在情感上产生共鸣。

把握原则与时机，幽默要恰到好处

树洞随语

岳霖作为团队的活跃分子，被众人推举上台分享他的创新灵感。他向来以机智幽默著称，总能在不经意间逗乐全场。于是，他满怀信心地站上讲台，打算用一段即兴的脱口秀为活动预热。

岳霖的开场确实精彩，几个关于行业趣闻的段子让同事们捧腹大笑，气氛瞬间升温。然而，正当他准备深入阐述自己的创意构想时，却突发奇想，想要插入一个关于团队成员间的小误会作为笑料。他的这个想法本是想拉近彼此的距离，却因未充分考虑当事人的感受及场合的正式性，显得不合时宜。

他绘声绘色地讲述起来，却没有留意到台下几位同事表情的微妙变化。原本期待中的笑声并未响起，取而代之的是一片沉寂和些许尴尬。岳霖意识到自己的玩笑可能触碰到了不该触及的边界，于是他试图以更加严肃的方式回归正题，但气氛已难挽回。这次经历对于岳霖来说是一次深刻的教训。他明白，幽默虽好，但如果没能精准把握时机与分寸，便可能破坏原本和谐的氛围，甚至伤害到他人的感情。

树洞回音

发言中，正确地运用幽默至关重要。它如同调味剂，适量使用可以让讲话生动有趣，过量则可能破坏整体氛围。幽默能拉近与听众的距离，让信息传递更加顺畅。但不顾场合、对象的随意幽默，可能引发误解或冒犯，适得其反。因此，发言者需像大厨般精准掌握“幽默”这门艺术，既要考虑听众的口味，也要适时调整分量，确保每一次“调味”都能为发言增色添彩，让听众在轻松愉悦中欣然接受信息。

幽默是艺术，也是智慧

掌握好幽默的度，能调节气氛，更能展现发言者的魅力与风度，赢得听众的心。那么，如何掌握和运用幽默的分寸呢？

1. 雅俗共赏，注重场合

在发言中，幽默的运用需要根据场合灵活调整。正式场合，追求高雅幽默，以彰显庄重；非正式场合，则可适度放松，以轻松幽默活跃气氛。

2. 因人而异，尊重至上

幽默的运用必须以人为本，尊重每位听众的感受。了解听众背景，避免触及敏感话题，是确保幽默而不冒犯、建立信任的前提。通过个性化、尊重性的幽默，拉近与听众的距离，增强沟通的亲和力。

3. 肢体辅助，幽默加倍

肢体语言是幽默表达不可或缺的一部分。适时运用夸张或温和的肢体动作，能够生动地诠释幽默内容，增强表达效果。让肢体动作与语言相得益彰，使幽默更加生动有趣，深入人心。

4. 适时适量，精准把控

幽默如同烹饪中的调料，需要精准把握时机与分量。过多显得轻浮，过少则显得沉闷。讲话者应时刻留意听众反应，适时适量地插入幽默元素，确保每一次幽默的插入都能成为点睛之笔，为发言增添色彩与活力。

幽默，作为一种独特的语言艺术与精神调节剂，不仅种类丰富多样，其效果也是多方面的，既能展现智慧，又可促进心灵放松。下面，我们就一起来看看，幽默有哪些常见种类。

1. 误解与曲解类

此类幽默利用的是语言的模糊性与多样性。词义误解式幽默，通过一词多义的巧妙误读，营造意外之喜；谐音误解式幽默，则利用字词间的谐音关系，进行别出心裁的诠释，常见于相声、小品等表演艺术中。歪曲事实式幽默，则是对事实进行适度夸张或扭曲，以超乎常理的叙述引发听众笑声。

2. 反转与创意类

正话反说式幽默，通过字面或事实上的反转，打破常规思维，带来意想不到的幽默效果；解释式幽默则更进一步，对事物进行非传统、非逻辑的解释，让人在出乎意料中感受到幽默的魅力。

3. 模仿与矛盾类

模仿式幽默，是通过模仿他人的语言、神态乃至行为，创造出新颖独特的幽默场景；自相矛盾式幽默，则是利用自身语言或行为上的不一致性，巧妙制造冲突与反差，从而引发听众的会心一笑。这些幽默方式不仅展现了演讲者的机智与风趣，更让发言变得生动有趣，深入人心。

总结时刻

要想让幽默在发言中发挥作用，就要把握好原则与时机，让幽默来得恰到好处。

首先，幽默要有底线，不能太过火，更不能冒犯到别人。要确保你的幽默能让大家开心，不能让某个人或某些人感到不舒服。

其次，要找准时机。不是任何时候都适合用幽默来调节气氛。在听众情绪高涨或者稍微有些紧张的时候，适时地加入一些幽默元素，这样才能起到事半功倍的效果。

最后，幽默还要有内容。要结合发言的主题和听众的实际情况，用幽默的方式来传达你的观点和信息，这样才能让听众在笑声中领悟到你的意图。

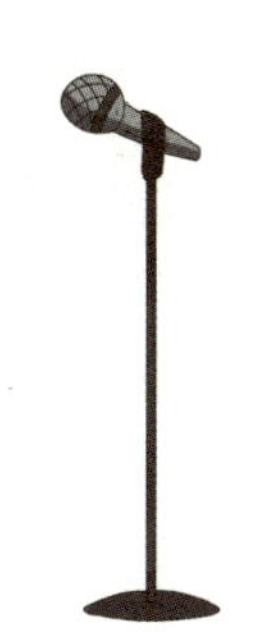

尝试组合材料，让发言更有说服力

树洞耳语

在年度创新策略研讨会上，即将发言的小李成了众人瞩目的焦点。面对众多期待与质疑的目光，小李深吸一口气，开始了他的陈述。

“各位同人，今天我带来的不仅仅是一份财务报告，更是一份关于资源重组与创新的提案。”小李轻触平板，屏幕亮起，展现的是一系列精心编排的图表与案例。“我们收集了近五年的财务数据，通过跨部门数据融合分析，发现了一项未被充分挖掘的增长点——数字化转型。”

随后，他逐一展示了各部门在数字化进程中的潜在协同效应：“技术部的新平台构想，结合市场部的客户洞察，可以大幅度提升用户体验；运营部通过流程优化，能进一步降低成本，这些在独立看时或许只是碎片，

但组合起来便是改变游戏规则的拼图。”小李还分享了一个跨界合作的成功案例，强调了“1+1>2”的协同效应。“正如某企业通过整合上下游资源，实现了供应链透明化，我们也能通过类似的模式，构建更加稳固的竞争力。”

随着小李的讲解，会议室内的氛围逐渐升温，每个人的眼神中都闪烁着新的思考火花。最终，小李的提案以独特的视角和强大的说服力赢得了全场的认可，为公司开启了数字化转型的新篇章。

树洞回音

发言中，材料的选择与运用如同烹饪时的食材与调料，直接影响菜肴（发言）的味道与层次。优秀的即兴发言者懂得如何精挑细选材料，让它们紧密围绕主题，既丰富又精练。材料运用得当，能让听众感同身受，深刻理解主题；反之，则会让发言显得空洞无物。因此，发言者对材料的整理和运用能力，是衡量其水平高低的关键，直接关系到发言的吸引力和说服力。

发言智慧

材料整理，体现水平与层次

精心挑选发言材料，是为了确保能够回应听众的需求，让发言内容变得充实有力，能够说服听众。那么，挑选什么样的材料才是合适的呢?

1. 具体材料提升说服力

发言中，使用翔实具体的材料，如专家言论、科学数据等，能显著增强说服力。避免使用概括性、笼统的材料，这种材料因缺乏细节而显得空洞无物。详细材料让听众感受到信息的扎实与可信，从而自发地被说服。

2. 生动案例增强现场体验

具体生动的案例和视觉场景描述，使听众仿佛身临其境，从而增强发言的吸引力和感染力。这种方式能让抽象的观点变得鲜活有力，听众更易产生共鸣，理解并接受发言内容。

3. 数据支撑构建权威感

在发言中，具体数据的展示能赋予内容真实性和权威性。数据不仅展现了发言者的严谨态度，还使论点更有说服力。但要注意，将数据置于具体情境中，结合听众熟悉的事物，才能更好地发挥数据的效能。

综合以上三点，即详细具体的材料、生动鲜活的案例以及具体有力的数据，能够全面提升发言的说服力、感染力和权威性。发言者应灵活运用这些技巧，根据发言主题和目标受众，精心构建发言内容，以达到最佳效果。

灵活应变

增强发言说服力，与听众建立彼此信任

每一次发言都是建立信任的机会。想要让你的话语更有分量，就要让听众心甘情愿地跟随你的思路，该怎么做呢？

1. 秀出你的专业素养

在发言中，不妨巧妙地运用专业术语，分享前沿的研究成果或独到的见解，这些都能为你的言辞增添光彩，让听众感受到你的专业实力。但切记，专业并不意味着高傲，对于自己不熟悉的领域，要保持谦逊谨慎的态度，这样才能赢得听众的好感。

2. 诚实是前提

在发言中，一定要诚实，避免夸大其词，更不要虚假宣传。要用真实的数据和经历说话，让听众感受到你的真诚和可信度。如果发现自己的观点有瑕疵，不妨大方承认，并提出改进方案。

3. 尊重听众，倾听他们的声音

在发言中，要时刻关注听众的反应，尊重他们的观点和意见。不要试图强行推销自己的观点，而是要通过提问、倾听等互动方式，深入了解他

们的需求和想法。对于不同的意见，要保持开放包容的态度，进行理性的讨论和交流。

总结时刻

要让发言更有说服力，巧妙组合材料是关键。想象一下，你手里有几块拼图，只有把它们放在正确的位置，才能拼出一幅完整的图案。首先，用实例开场，就像用一个吸引人的故事开头，让人一听就感兴趣。比如，说说身边的小故事或者热点新闻，让大家觉得亲切又真实。其次，用数据支撑观点。数字是客观的，它们能增强你的说服力。比如“研究表明，每天锻炼一小时，能降低30%的心脏病风险。”还要注意的是，引用权威也很重要。当你说“根据专家的观点”或者“科学研究表明”时，大家会更容易相信你的话。

寻找诱人话题，激发好奇俘获听众

树洞随语

在文学研讨会上，瑜墨满怀期待地准备了一场分享，主题是“古典诗词的现代解读”。他精心准备了PPT，罗列了诸多晦涩难懂的诗词原文与学术分析。然而，他忽略了文学爱好者们最渴望的那些能触动心灵、激发想象的话题。

随着瑜墨缓缓展开讲述，会场内渐渐弥漫起一股沉闷的气息。听众们或低头翻阅手机，或目光空洞，显然对满屏的古文和深奥的理论提不起兴趣。瑜墨试图通过更多例证来丰富内容，却没有找到那个能让他们眼前一亮、心生好奇的兴奋点。

他的声音逐渐变得机械，听众们交头接耳，话题早已偏离了他的发言。瑜墨感受到前所未有的挫败，他意识到，自己错失了连接听众心灵的桥梁—— 一个诱人、富有启发性的讨论话题。这次经历让瑜墨深刻地领悟到，在探索与分享的过程中，找到那个能激发听众好奇心的话题，远比堆砌知识更为重要。

树洞回音

发言中，选择合适的主题与场地至关重要。主题是发言的灵魂，紧扣听众兴趣方能引人入胜。场地则如同舞台背景，影响着发言的整体效果。恰当的主题能让发言内容充实有料，激发听众共鸣；适宜的场地则能营造出舒适氛围，助力发言者自信发挥。两者相辅相成，共同决定了发言的成功与否。因此，发言前务必精心挑选，确保主题吸引人、场地得人心。

掌握话题技巧，助力成为发言高手

一个诱人的话题如同磁石，能够瞬间吸引听众的注意力，激发他们的好奇心。然而，如何在众多话题中挑选出那些诱人的话题，却是一门需要学习和实践的艺术。

1. 好奇心激发型话题

人类天生对未知的话题充满好奇，比如名人故事、传奇经历、逸闻趣事总能激起听众的兴趣。你可以讲述一个鲜为人知的历史故事，或者分享一个你亲身经历的奇妙冒险，让听众在惊叹中感受到话题的吸引力。

2. 知识增长型话题

俗话说“活到老，学到老”。在这个信息爆炸的时代，每个人都渴望不断地学习新知识，探索新事物。因此，你可以分享最新的科研成果、行业动态，或者解读一本热门书籍的精髓，这些都能让听众在获取知识的同时感受到你的智慧与魅力。

3. 切身利益关联型话题

与自己利益息息相关的话题是每个人都感兴趣的。因此，你可以根据听众的群体特征，选择与他们的生活紧密相关的话题。比如，针对老年人，你可以谈论养生之道；对于女性听众，美容护肤是不错的话题；对于职场人士，职业发展、职业规划则更为贴切。

4. 新话题探索

不要害怕尝试新领域、新话题。你的独特见解和新颖观点，往往能吸引听众的注意。比如，你可以探讨未来科技的发展趋势，或者分析当前社会现象的深层次原因，让听众在惊叹中感受到你的智慧和洞察力。

5. 信仰、理想和梦想

信仰、理想和梦想是人类永恒的追求。当你谈到这些充满力量的话题时，听众的眼中往往会闪烁起兴奋的光芒，因为每个人都渴望听到那些关

于坚持与奋斗、挑战与超越的故事。不过，要使这些话题真正引起共鸣，你需要具备高度的针对性和现实性，将宏大的理念融入具体的生活实例中，避免空谈，否则会让人觉得不切实际。

6. 满足听众的优越感的话题

人们普遍喜欢被赞美、被肯定，如果你能准确把握这一点，通过真诚的赞美和恰当的“奉承”，让听众在你的话语中找到自我价值的认同，他们将会对你产生更加深厚的好感。当然，这里的“奉承”并非指无原则的溜须拍马，而是基于事实的真诚赞美，态度自然、话语真实，方能赢得听众的真心认可。

7. 娱乐性话题

谈论美食、旅行、电影等轻松愉悦的话题，不仅能缓解听众的紧张情绪，还能迅速拉近彼此的距离。如果你能巧妙地在讲话中穿插幽默风趣的小故事，这无疑将为整个发言增添一抹亮色，让听众在轻松愉快的氛围中领略到你的智慧与魅力。

利用有效话题，创造情感共鸣的表达艺术

在发言、会议或日常交谈中，如何让自己的言辞扣人心弦、引发共

鸣？可以从以下三个方面俘获听众的心：

1. 精准共鸣，深入人心

首先要深度挖掘听众的内心世界，理解其兴趣、需求与期待。其次要通过个性化的内容设计，确保你的话直击听众的心灵，仿佛量身定制，让听众感受到被重视与理解，从而建立起深厚的情感联系。

2. 技巧运用，引人入胜

巧妙运用发言技巧（如设置悬念）激发听众的好奇心，穿插趣闻以增添发言的趣味性，适时变换话题才能保持听众的注意力。此外，真诚地赞美听众，拉近彼此间的距离，并通过互动提问鼓励听众参与，使发言成为一场双向交流的盛宴。这些策略的综合运用，将极大地提升发言的吸引力和说服力，让听众心甘情愿地被俘获。

3. 简化语言，情感共鸣

采用简洁明了、通俗易懂的语言表达，避免专业术语的堆砌，确保信息传达流畅无阻。同时，融入真挚的情感，通过生动的叙述、形象的比喻等，激发听众的情感共鸣，使发言内容更加深入人心。

发言时，诱人的话题作为开场白就像抛出一个神秘的果子，让人忍不住想探个究竟。想象一下，你正站在一群朋友中间，突然说：“你们知道吗？有个秘密，能让我们的工作效率翻倍！”大家是不是会立刻竖起耳朵，全神贯注？这就是诱人的话题的魅力。它像一个悬念，让听众好奇。你可以从生活中的趣事、科学的新发现，或者是社会上的热门话题入手，找到一个与发言主题相关的点，然后巧妙地引出来。要注意的是，话题不仅要新颖、有趣，还要与你的发言内容紧密相连。这样一来，听众才会对你的发言内容充满期待。

常见发言场景及话术

场景一：公开演讲

话术：站在这里，我感受到了大家的热情和支持。今天，我想和大家分享一个关于梦想与坚持的故事。我相信，每个人的心中都有一团火，让我们一起点燃它，照亮前行的路。期待在演讲结束后，能听到大家的故事和想法。

场景二：团队动员大会

话术：亲爱的同事们，我们是一支团结的队伍，每一次挑战都让我们更加紧密。记得去年那个项目吗？我们像一家人一样，克服了一个又一个困难。今天，我们要再次携手，用信念、智慧和汗水，共同书写新的辉煌。在这个过程中，我们要确保每一步都坚实有力，不留任何遗憾。

第四篇

精益求精，让发言臻于完美

发言是一门艺术，只有做到精益求精，才能打动人心。在发言时，可以巧妙提问，或者讲故事，或者运用排比，让自己的发言更精彩。久而久之，你的发言能力就会提高，你的讲话让人听了心里舒服，印象深刻。完美不是终点，而是不断追求的过程。

巧妙提问引导方向，激发听众思考

树洞陋语

李阳思维活跃，每次公司项目讨论，他都满怀热情地分享见解。但奇怪的是，每当他开始发言，会议室氛围就像被按了暂停键，变得沉闷起来。他讲话时声音紧绷，语速飞快，就像在读任务清单："上周我们组忙不停，任务一、二、三都搞定了，现在正攻坚任务四，下周有望出成果。"这样直白无味的讲述，让同事们毫无倾听的欲望。

李阳十分不解，为什么自己信心满满的发言，换来的总是冷淡的回应。跨部门研讨会上，他又鼓起勇气发言："我们部门刚调研了市场，发现需求飘忽，对手还出新招了……"他讲个不停，却没留意同事们越来越不耐烦的表情。会后，别人热烈交流，他却成了旁观者，他心里更迷茫了。

李阳开始琢磨，自己的发言到底哪里出了问题？为什么总激不起"水花"？他渴望让发言变得有趣、不单调，可惜一直摸不到门道，每次发言

后，那份不解和失落感还是如影随形。

树洞回音

如果在发言时只是单调地讲述，就会让人听着乏味。这时，我们可以给讲话加点儿“料”——设问修辞，它就像调味料，不仅能让内容变得有滋有味，还能让重点更加突出。你可以先抛个问题出去，然后自己再解答，或者干脆让听众自己思考答案。这样一来，听众不仅会被你的话题吸引，还会主动思考起来，让你的发言更深入人心。

设问的技巧

在发言时，为了让听众接纳自己的观点，发言者可以采用设问技巧来引导听众思考，最终赢得他们的认同。这种设问技巧具体表现为三种形式：

1. 一问一答

就像抛球接球，你提问后自己解答，再用真挚的话打动他们，让他们好好地琢磨你的话。

2. 多问一答

一连串问题后统一解答，这气势就像海浪一波接一波，让听众感受到你的语言魅力，自然就被你说服了。

3. 连续问答

步步紧逼，让听众从疑惑到接受，再到全力支持，就像爬山，越爬越高，风景会越来越好。

设问在发言中的不同位置也发挥着不同的作用：

1. 标题设问

能激发听众的好奇心，让他们对发言内容产生浓厚的兴趣和倾听的欲望。

2. 开场设问

有助于拉近发言者与听众的距离，建立亲近感，增强发言的可信度。

3. 结尾设问

起到强调和总结的作用，让发言内容在听众心中留下深刻的印象。

在人际交往中，分歧和争议在所难免，但关键在于找到双方的“共通点”。发言者如果想成功说服听众，就要巧妙运用设问技巧，引导听众思考，使他们的观点逐渐与发言者趋于一致。这样一来，发言的目的便能自然而然地达成。

同时，要认识到人们普遍具有抗拒外界说服的心理。因此，发言者应避免直接否定或指责对方，而应秉持“求同存异”的原则，通过寻找共通点的方法来缩小彼此的心理距离，从而更有效地说服对方。

灵活运用反问

在特定情境下，巧妙运用反问，能够带来出人意料的表达效果。反问，又称反诘或激问，它采用疑问的形式来传达确定无疑的信息，特点在于问而不答，让听众自行领悟讲话者的深层意图。在即兴发言中，反问能够鲜明地阐述、强化讲话者的观点或情感，赋予其不容置疑的力量。

反问句分为肯定式反问和否定式反问，两者各有妙用。

1. 肯定式反问

表面上看似肯定，实则蕴含否定之意，其语调上扬，语气加重，增强了表达的力度。比如，当提到只顾眼前利益、破坏环境的行为时，通过反问“我们还能如何持续发展？后代又将何去何从？”强烈地表达了对这种行为的谴责，并呼吁听众共同抵制。

2. 否定式反问

用反问的语气来肯定某个观点。比如，针对“人生而知之”的观点，反问“难道人不是通过学习才获得知识的吗？”这样的表达方式比直接陈述更有力量，更能凸显“学习不可或缺”的重要性，使听众印象深刻。

在发言中，为了增强观点的感染力和说服力，应当灵活运用反问修辞。但要注意的是，当对某个话题了解不够深入时，应该避免使用反问，以免被对方反驳得无言以对。因此，在使用反问修辞时，既要确保语言的准确性，也要注重逻辑的严谨性，这样才能让反问成为发言中的点睛之笔。

总结时刻

设问能增加内容的吸引力，突出重点。反问以其独特的问而不答的形式，增强了表达的力量，使发言的观点更加鲜明有力。肯定式反问与否定式反问的灵活运用，能够根据需要传达出强烈的情感和立场。在发言中恰当使用反问，能够吸引听众注意，深化观点理解，同时需避免在不熟悉的话题上滥用反问，保持语言精准与逻辑严谨。这就要求发言者具备深厚的语言功底与敏锐的现场掌控力。

讲故事举例子，让发言更有惊喜感

树洞暗语

在一场备受瞩目的行业交流盛会上，小林被安排公开发言。他精心搜集了详尽的数据与前沿理论，修改了好几次发言稿，力求做到完美。

交流会那天，小林带着一丝紧张踏上了讲台。他深吸一口气，正式开启了他的发言：“尊敬的各位嘉宾，上午好。今天，我想与大家共同探索我们行业的未来蓝图。首先，从宏观视角出发，当前市场正经历着一场前所未有的变革与挑战……” 小林的话语中充满了专业与严谨，他一一剖析经济趋势与行业动态。

然而，随着时间的推移，台下的听众似乎渐渐失去了兴趣。有人目光游移，显然未能完全沉浸其中。小林并未察觉到这些微妙的变化，依旧沉浸在自己的讲述中：“在技术革新方面，新兴科技如雨后春笋般涌现，正

悄然重塑我们的行业格局……”

遗憾的是，小林的发言全程缺乏故事的点缀与实例的支撑，使得内容既枯燥又抽象，难以触动人心。他的发言结束时，回应的掌声显得颇为勉强，远没有达到他心中的期待。

树洞回音

在发言中，如果我们能巧妙地穿插故事和实例，这远比干巴巴的道理讲述要吸引人得多。科学研究也表明，听故事能让人的右脑感到兴奋和快乐。所以，我们在发言时，如果能将故事、实例和当前的话题巧妙地结合起来，就能让发言变得更加生动有趣，也更容易让听众接受和理解。这样一来，我们的发言就不再是单调的讲述，而是一场精彩的故事分享。

学会讲故事

发言过程中，在面对难题解释不清的时候，可以试试融入故事和实例。想要听众点头称是，就要先学会如何娓娓道来，用幽默搭桥，让心灵相通，思想才能流畅传递。那么，在发言中如何巧妙地运用故事呢？

1. 精心挑选与主题契合的故事

要么直接佐证你的观点，要么用生动的例子来阐述。比如谈创新，就分享乔布斯是如何引领科技潮流的；论坚持，爱迪生发明电灯的不懈努力是绝佳的素材。新颖的故事能吸引眼球，以独特的视角来解读老故事同样引人入胜。

2. 把握讲述技巧

保持故事简洁精练，避免冗长，突出关键点；用生动的词汇、丰富的表情和肢体动作，让听众仿佛身临其境。故事讲完后，别忘了引导听众思考，激发他们的共鸣和启发。

3. 把握好讲故事的时机

以引人入胜的故事开场，瞬间抓住听众的注意力；在发言中穿插故事，作为衔接的桥梁，使内容更加连贯；用温馨或鼓舞人心的故事收尾，给听众留下深刻的印象。

4. 与听众进行互动

提出思考问题，让听众参与进来；分享个人感受，增进与听众的亲近感。可以邀请听众分享自己的故事，共同营造一个活跃、愉快的交流氛围。这样，你的发言才会更加生动有趣，更具感染力。

举例子

发言时，除了分享经典故事和个人经历，巧妙举例也是一门艺术。它能给你的言辞增强说服力。遇到抽象概念，举例就像是解谜的钥匙，让听众豁然开朗。举例就像是另一种形式的小故事，关键在于用得恰到好处。

举例的好处不胜枚举：它能稳固你的论点，让人信服；给空洞的话语添上血肉，让内容更加充实；还能让你的表达生动有趣，紧紧抓住听众的注意力。特别是那些幽默的例子，更能调节气氛，让现场充满欢声笑语。

举例主要有两类：事例和语例。事例就是讲述历史上的趣闻或名人的小故事，具体详尽或概括提炼都可以；语例则是借用专家学者的名言警句，正面引用能增强权威性，反面引用则能引发思考。

选例子要精挑细选，别胡乱堆砌，否则可能适得其反。挑选例子时，要考量其适用性和代表性，别随手一抓就用。插入的时机也很重要，不早不晚，恰到好处。讲述时，详略要适度，太复杂了听众记不住，太简单了又缺乏深度。

想让发言更吸引人，可以试着用故事和例子来装点你的话语。就像给普通的菜肴加点儿秘制酱料，会让人回味无穷。比如，谈论团队合作时，别说“大家要齐心协力”，而是讲：“就像蚂蚁搬家，虽然每只蚂蚁的力气都很小，但一起合作就能搬动大山。我们团队也一样，各展所长，就没有过不去的坎儿！”或者，分享成功经验，别说“我努力就成功了”，而是讲：“记得那次，我像愚公移山一样，一点点攻克难题，最终豁然开朗，项目大获成功。所以呀，坚持就是胜利！”这样的发言有血有肉，听众不仅能记住你的观点，还能感受到那份情感和力量。

运用排比增强发言气势，加深给他人的印象

树洞睡语

公司举办了一场项目汇报会，小王被安排在首位发言。他事前做了充足的准备，所有的数据和分析都整理得有条不紊。

小王怀着紧张的心情走上讲台，开始了他的陈述：“尊敬的领导、亲爱的同事们，大家好。关于这个项目，我们进行了详尽的市场调研。先说市场情况吧……”

小王讲得很平淡，全程都没有重点突出的内容。他的声音虽然柔和却不够响亮，整个会议室的气氛显得有点儿沉闷。听众们有的稍微低头，有的眼神飘忽，显然对小王的发言兴趣不大。

小王接着说道：“我们预计这个项目能按时完成，成果也会符合预

期。当然，在这个过程中可能会碰到些小麻烦，但我们都会尽快解决。”从小王的话里听不出多少热情或决心，给人的感觉就是这个项目不过是按流程走，没什么亮点。

等小王发言完毕后，台下只有零零散散的掌声。他走下台时，心里不免有些失落，他不明白为何自己做了精心的准备却没有引起更多的共鸣和反馈。

树洞回音

在即兴发言时，想要话语有分量、有震撼力，而且显得气势磅礴，秘诀之一就是善用“排比”。排比是一种让语言生动有力的修辞手法。仔细观察，你会发现，无论是历史上的精彩发言，还是专业演说家的演讲，都巧妙地融入了排比这种修辞。排比能掀起听众心中的波澜，营造出一种势不可当的氛围。在即兴发言的场合中，我们不需要像写文章那样长篇累牍地使用排比，只要将简单的几个词或短语组合起来，就能达到意想不到的效果。

发言智慧

如何运用排比

发言时，排比句之所以效果出众，关键在于它紧扣中心，用一连串相似的语句，从不同角度反复阐述和强调主题，从而迅速抓住听众的心。在即兴发言中，这种紧凑而鲜明的表达方式能激起听众的情感共鸣，使其产生强烈的心灵震撼。当然，要想在即兴发言中灵活运用排比，让其大放异彩，日常的积累和练习是必不可少的。

1. 了解排比的好处

运用排比，可以让发言节奏明快，吸引听众的注意力。比如，“要信念，要勇气，要毅力”，这样一说，是不是感觉很有力？排比还能帮你强调重点让人们产生深刻的印象，比如“创新是动力，是灵魂，是基石”，创新多重要，这样一听就懂。此外，排比还能激发情感，让人心里暖洋洋的，比如“不忘奋斗岁月，不忘拼搏身影，不忘奉献精神”，话语十分感人！

2. 构建排比

先确定主题，比如环保，然后想三个和环保有关的词或句子，比如“环保是责任，是行动，是习惯”，再把它们排好队说出来。这样一来，你的发言就有了一些吸引力。

3. 用排比时的注意事项

话语不要太过冗长复杂，简单明了最好。还可以加点儿其他修辞，比

如比喻，让话语更形象、更生动。此外，不要总是一个声调，偶尔换个问句或感叹句。

发言之际，运用排比能让言语更有气势，但要切记下面几点要领。

1. 内容要有关联性

排比中的每一句都要紧扣主题，比如谈团队合作，就应围绕它如何助力突破难关、达成目标展开，不要跑题。同时，这些话之间逻辑要清晰，不要自相矛盾，让人摸不着头脑。

2. 用词要精准

在构建排比句时，要挑选那些既准确又贴切的词语。避开那些不常见的成语或专业词汇，确保听众一听就懂。同时，注意词语带有的情感色彩和所处的语境，让用词更加恰当，避免产生误解。

3. 语法要准确无误

在构建排比句时，每一部分都应当严格遵循正确的语法规则，确保语言既富有韵律，又不失得体与规范性。例如，我们可以这样发言：“在学习上，我们要像蜜蜂一样勤劳采蜜，不断积累知识；要像工匠一样精心雕琢，追求细节的完美；要像探险家一样勇于探索，不畏未知的挑战。只有这样，我们才能在知识的海洋中畅游，不断攀登学术的高峰。”这样的排比句，不仅语言优美，而且逻辑清晰，能够有力地传达出我们的意图。

4. 节奏感要拿捏好

排比句不宜过长或过短，要让听众听起来顺畅自然。如果能带点儿韵律感，那就更为巧妙了。

5. 别过度依赖排比

运用排比修辞也要适量，多了会让人生厌。适时地运用，为发言增添亮点即可。总之，巧妙地运用排比，能让你的发言更加出彩！

总结时刻

想让发言更有气势，加深听众印象，不妨试试排比句式。比如，谈目标时，你可以这样说：“我们的目标，不是简单的成功，而是辉煌的胜利；不是短暂的闪耀，而是长久的辉煌；不是个人的荣耀，而是团队的荣耀！”或者激励团队时喊出：“我们要像风一样迅速行动，像火一样热情洋溢，像山一样坚定不移！无论前方是荆棘密布还是风雨交加，我们都要勇往直前，共创辉煌！”这样的排比，不仅让语言更有节奏感和韵律美，还能在听众心中留下深刻的印象。所以，下次发言前，不妨先构思几个排比句，让你的话语更有气势，更有说服力。

避开逻辑漏洞陷阱，确保发言严谨周密

树洞随语

在公司的季度总结会上，王勇满怀信心地站上了讲台，准备分享他负责的项目进展与成果。在发言中，他断言：“只要我们加大宣传力度，用户量就能翻倍，利润也将实现飞跃。”同事们听了他的话，都在台下议论纷纷。

会议结束后，王勇被领导李总请到了办公室。李总面带微笑，但眼神中却透露出严肃：“王勇，你的发言很有激情，但有一点需要注意，那就是逻辑上的严密性。单纯增加宣传力度并不能直接等同于用户量和利润的翻倍，我们还需要更全面的分析和策略。”李总耐心地指出了王勇发言中的逻辑漏洞，并鼓励他深入思考，避免将来在决策中犯同样的错误。

在随后的团队讨论中，王勇变得更加谨慎，对提出的每一个观点都会

考虑其背后的逻辑链条是否完整，是否有足够的证据支持。

几个月后，当王勇再次站在公司大会上发言时，他的发言不仅充满激情，更展现出严谨的逻辑与深思熟虑的策略。这次，他赢得了同事们的阵阵掌声。

树洞回音

在发言中，经常出现的逻辑错误有：

1. 观点表述繁冗且含混。过于冗长的表述难以吸引听众的注意力，还可能让观点变得模糊不清。一个有效的观点表述应当简洁有力，直接触及问题的核心。同时，观点之间应当相互关联，形成逻辑链条，以增强表达的逻辑严密性和说服力。

2. 论据不足导致内容空洞。在发言过程中，如果内容缺乏足够的逻辑支撑，观点就会显得苍白无力。应当按照逻辑顺序有条理地展开论述，确保每个观点都有坚实的论据作为支撑。

3.偷换概念。在发言过程中，有意或无意地改变某个概念的含义，或者将两个不同的概念混为一谈。例如，在辩论中，将对方的论点稍作修改后再加以反驳，实际上已经偏离了对方的原意。

4.自相矛盾。在同一发言中，提出了两个或多个相互矛盾的观点，使得整个发言失去了一致性。例如，一方面说某个政策完全无效，另一方面又说该政策在某些方面取得了显著成效。

发言要有逻辑

要想发言吸引人，除了肚子里要有墨水，想法独到，还要有一把好的

“逻辑锁”。这样才能条理清晰地传达思想，让听众为之倾倒。以下三招可以帮你提升发言的逻辑能力。

第一招，关键词。就像搭积木，先挑出三个关键词作为地基，比如聊健康，就定“饮食、运动、坚持”。然后，围绕它们一一展开，每点都深挖细讲，保证内容丰富又不散乱。记住，用词时要紧扣主题，不要东拉西扯；还要懂得取舍，不要一把抓；更要学会分解，把大概念拆成小块，讲得透彻一些。

第二招，关键字串珠。有时，一个成语、俗语甚至人名，都能成为你

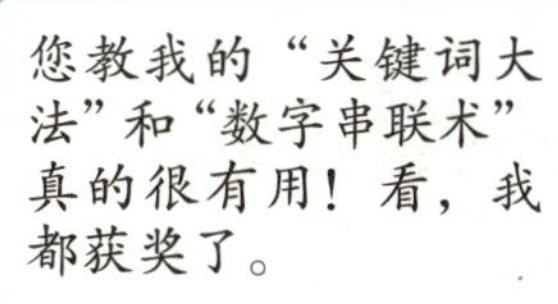

的灵感源泉。比如，“高大上”“不明觉厉”，你可以试着将这些词语拆开讲，每部分都融入你的观点，让听众耳目一新。

第三招，数字串联术。在关键词基础上，加上数字标签，让内容更醒目、更好记。这一招古今中外都爱用，如“三大纪律八项注意”，就是经典案例。用数字串起你的想法，使内容条理清晰，听众一听就懂，还容易记住。

灵活应变

发言的逻辑性，就是发言时有条不紊，让听众一听就明白你的意思。这种能力不是天生的，需要后天的努力培养。多读点儿书，多动脑筋想想，你的话语就会更加有条理、有说服力。这样一来，不管在什么场合，你都能自信地表达想法。

1. 用思维导图梳理思路

它就像一张导航图，可以把思绪整理得井井有条。每次准备讲话前，试着画个导图，思路自然就清晰了。

2. 编写讲话提纲

在开口前，简单列个要点清单，按照时间顺序或者逻辑顺序排好。这

样讲起来就有方向，不会偏离主题，也能突出重点。

3. 注重发言的条理

在发言时，用上“因为……所以……”“首先……接着……”这样的连接词，让你的话听起来连贯有序、条理清晰。

4. 勤练发言和辩论

这不仅能提升你的口才，还能锻炼你的思维和应变能力。多上台发言几次，你会发现自己的话语越来越有分量，越发能打动人心。

5. 多阅读、多思考

多读书，多思考书中的内容，这样你的思维会变得更加开阔，说话也更有条理。

总结时刻

发言前，要梳理思路，确保观点明确、论据充分，避免自相矛盾。同时，还要注意语言的准确性和连贯性，并用清晰的表达方式阐述观点。通过反复推敲和练习，可以逐渐提升发言的严谨性和说服力，让听众信服你说的每一个字。

培养应对冷场的发言能力，扭转尴尬局面

树洞随语

周末，张伟去参加了一场婚礼。席间，大家要求他代表男方的亲友发言。面对数百双期待的眼睛，张伟突然感到一阵前所未有的紧张，刚说了几句话就卡壳了。他尴尬地停顿了几秒，现场的气氛瞬间凝固，冷场的局面让人感到压抑。

正当张伟感到无所适从时，坐在他隔壁的一位朋友站了起来。他轻轻地拍了拍张伟的肩膀，用一种轻松幽默的语气说："看来张伟兄弟今天是被这盛大的场面给'吓'到了，不过没关系，让我来给大家讲个笑话，缓解一下气氛。"

随后，他讲了一个关于张伟的趣事，虽然略带调侃，但充满了善意和幽默，引得全场宾客笑声连连，气氛瞬间回暖。在朋友的带动下，张伟也重新找回了自信。他深吸一口气，再次尝试发言。这次，他放慢了语速，用自然和真诚的语言，表达了自己对新人的美好祝愿。

随着张伟的讲述，宾客们的脸上再次洋溢起了笑容。发言完毕后，张伟对帮自己解围的老朋友说了声谢谢，同时请教了一些避免冷场的方法。

树洞回音

有些人在开口的瞬间，就让气氛降至冰点，这就是我们常说的“冷场”。为何会这样呢？很多时候，原因出在那些生硬、缺乏延展性的回答或提问上，它们像一道无形的墙，隔绝了对话的进一步深入，让双方陷入尴尬的沉默。

当你发现自己成了那个“一开口就把天聊死”的人，或者是加入讨论后人们纷纷借故离开时，或许应该反思并培养自己应对冷场的能力。要知道，一个擅长聊天的人，不仅懂得如何挑选合适的话题，还能在对话中灵活引导，让每个人都能乐于参与，享受交流的乐趣。

那么，如何培养这种能力呢？关键在于学会倾听与观察。在开口之前，先听听他们在谈论什么，观察他们的兴趣和情绪。然后试着从中找到共鸣点，以此为话题展开。同时，在提问时尽量采用开放式问题，给对方留下足够的空间去分享自己的想法和感受。

要想不冷场，就要选对话题

在社交场合中，不擅长说话的人很容易遇到尴尬的情况。要想成为交谈中的佼佼者，就必须学会巧妙地寻找话题。那么，如何找到合适的话题呢？

1. 利用时事新闻或周围环境

巧妙地利用当前的新闻事件或身边的环境、物品作为话题的切入点，

自然地引导出交谈。有些人擅长通过观察对方的年龄、穿着打扮、家居环境等细节，即兴创造出话题，这样做往往能收到很好的效果。这种方法的好处是灵活多变，就地取材，思维敏捷，能迅速关联话题。

2. 寻找大家共同感兴趣的话题

当面对一群陌生人时，尝试找出大家都关心或感兴趣的事件作为话题的起点。这样的话题能够触及每个人的兴趣点，让他们都有话可说，也愿意参与讨论。在大家都有共鸣时，谈话就会自然而然地流畅起来，交谈也会变得生动有趣。

3. 试探性提问

就像往河里扔石头试探水深一样，通过提出一些试探性的问题来了解对方，然后根据得到的信息有针对性地展开交谈，这样会让你更加自信地与人交流。比如，问对方“您在哪里高就哇？”或者“您的孩子读几年级了？”等问题。

4. 发掘共同兴趣

了解对方的兴趣爱好，围绕这个兴趣点展开话题，是顺利进入交谈的一个好方法。比如，如果对方喜欢篮球，你就可以以此为契机，聊起最近

的篮球比赛、某位球星的精彩表现，这些都能激起对方的谈话欲望。

巧妙应对，冷场也能变爆场

即使是最擅长表达的人，也难免会遇到气氛尴尬的冷场。下面分享两个小妙招，帮你轻松把冷场变得热闹。

1. 自嘲法调节气氛

如果听众的眼神似乎在告诉你气氛有点儿冷了，你可以试着暂停，用一种轻松好奇的语气说："哈哈，我说的是不是让你们觉得有点儿冷？"这样的自嘲可能会引来笑声，让原本紧绷的氛围慢慢放松下来。不管是一对一的聊天，还是朋友间的聚会，甚至是面对多人的发言，这一招都能用得上。

2. 当遇到别人的"冷笑话"时

如果有人讲了个笑话，结果并不逗人发笑，场面突然陷入尴尬的沉默。这时，你可以尝试说些与刚才内容相关但更轻松的话题，比如，"那个笑话其实还挺独特的，有点儿意思。"关键是要留意对方的反应，选择合适的时机插话，一旦你与听众之间产生了某种共鸣，原本紧张的气氛就会逐渐变得轻松起来。

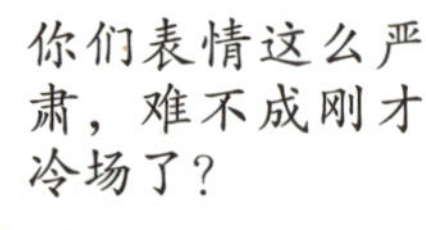

总结时刻

在社交场合上，学会应对冷场的发言技巧非常关键。遇到气氛尴尬时，保持镇定和自信很重要。快速转动脑筋，找些大家都感兴趣的话题来破冰，比如，聊聊共同的经历、热门新闻或是轻松愉快的娱乐话题。记得说话时要清楚、顺畅，还要用亲切友好的语气，这样才能重新点燃交流的火花，让对话变得既流畅又愉快。

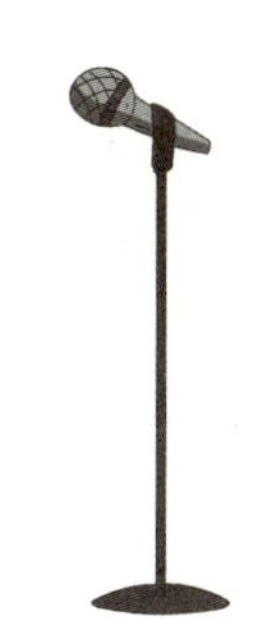

巧用“黄金三点论”，突出发言关键点

树洞陋语

公司召开项目讨论会，以便明确项目的下一步计划。然而，王澜的讲话让办公室的氛围变得微妙起来。

他清了清嗓子，开始了发言：“其实吧，我是觉得，咱们这个项目吧，挺特别的，就像我昨天路上看见的一朵云，简直是独一无二……还有前几天我看了一部电影，演员演技超赞……我就想啊……”

在座的同事面面相觑，然后无奈地叹气并摇头。

会议结束后，同事们走出会议室，纷纷议论起来。“他到底在说什么呢？一点儿逻辑都没有，重点全无。”可王澜还觉得自己的发言无可挑剔，全然不知没人支持他。

在以后的工作中，同事们开始不愿意听他发言，因为他讲话总是条理不清。王澜也逐渐意识到了问题的严重性。

树洞回音

有些人总是滔滔不绝，但说的话条理混乱，即便说上很长时间，别人也听不懂他在讲什么。如果能运用“黄金三点论”把想说的话整理得清晰、有条理，对方就能更容易理解你的意图。“黄金三点论”听起来是个专业名词，但实际上它已经悄悄地渗透到了我们的日常生活中。比如，事情的发展可以分为——开始、经过、结果；时间的划分则是——过去、现在、将来……在语言表达上，“三点论”堪称演讲界的一个万能框架。

想要让自己的话语更有逻辑性，就要巧妙地运用“黄金三点论”，这样不仅能更好地突出重点，还能深深吸引听众的注意力。

黄金三点论

黄金三点论，也被叫作“一二三原则”，是交流时非常实用的一个通用框架。

1. 含义与优点

黄金三点论提倡用“一、二、三”的方式来交流，其核心在于“三”，即从三个角度来分析问题、描述想法。在表达具体的观点时，三点恰到好处，既不会让内容显得单薄，也不会过于冗长复杂，给人一种条理清晰、思路明确的感觉。

2. 应用广泛

黄金三点论能够帮我们快速厘清思路，提升语言和文字的逻辑性。它是精确表达的得力助手，具有快速、简洁、逻辑性强、层次分明的优点。其在生活中也有很多应用之处，比如，写文章时会遵循“时间、地点、人物”的结构。这个方法适用于大多数人，同时也可以用于写作、发言、谈判等多种场合。

3. 常用说法

用黄金三点论来表达观点时，通常会用到这样的说法，比如，“我将从以下三个方面来谈谈自己的看法”“我将从产品、服务、市场三个方面来阐释我的观点”等。如果我们在生活和工作中能够熟练掌握并灵活运用黄金三点论，就可以获得更好的交流效果。

灵活应变

黄金三点论的实际应用

在生活和工作场合中，当你想要表达个人感受或独特观点时，黄金三点论是一个非常实用的技巧。

1. 在活动中进行自我介绍。你也可以运用黄金三点论来介绍自己，比如，可以这样说："大家好，我是××。我有三个标签：运动、读书和演讲。我从小就热爱运动，参加过省级运动会并取得了佳绩；我热爱读书，每年都要完成五十本书的阅读量；我还喜欢当众发言。很高兴在这里认识大家，期待与大家成为朋友。"

2. 在接受采访中。如果主持人问你学习演说后的感受，你可以这样回答："学习演说给我带来了许多收获。第一，我变得更加自信满满，站在台上发言不再感到紧张。第二，我的发言技能有了显著的提升，内容安排得更有条理。第三，我还遇到了一群志同道合的朋友，我们在一起互相学习，共同成长。"这样的回答不仅详细，而且条理清晰，能更好地吸引听众。

3. 在聚会场合中。比如公司年会，运用黄金三点论同样能让你脱颖而出。上台发言时你可以这样说："新春佳节即将到来，我想送给大家三个祝福。首先，祝愿公司在新的一年里蒸蒸日上，订单多多，收入满满。其

次，祝愿大家工作顺利，事业有成，为公司创造更大的价值。最后，也祝愿我自己能够与大家共同进步，为公司发展贡献更多的力量。”这样的祝福既真诚又条理清晰，一定能赢得大家的掌声。

总结时刻

发言时，我们常常为不知如何有层次、有逻辑地陈述观点而苦恼。此时，黄金三点论的表达模板可助我们一臂之力。掌握这一沟通技巧，能让我们迅速整理思维、组织语言。无论是在日常交流、工作汇报，还是演讲发言时，黄金三点论都能发挥重要作用，使我们的表达更加清晰、有条理，从而实现与他人的良好沟通，提升我们的沟通效率和效果。

善于引经据典，让开场发言更有深度

树洞随语

在一次重要的学术会议上，小李准备发表她的研究成果。她想以一段引人入胜的开场白吸引听众的注意，于是选择了一句她以为出自亚里士多德的名言：“我沉默往往是最高境界的轻蔑。”

然而，当小李自信地说出这句话时，一位教授举手打断了她：“小李，这句话实际上出自一位现代作家，而非亚里士多德。”小李的脸瞬间变得通红，她尴尬地道歉，并继续她的发言。

会议结束后，小李深感羞愧。她反思自己的准备过程，意识到自己过于依赖网络搜索，而没有深入研究这些引用的出处。她意识到，作为

一名学者，严谨和真实是至关重要的。她决定以后在引用任何资料时都要进行彻底的核实。

从那以后，小李变得更加谨慎和细致。也因为这次经历，小李成了一个更加认真且受人尊敬的学者。

树洞回音

发言时引经据典可以增强说服力，因为经典名言往往蕴含着深刻的智慧和普遍认同的价值观。引用权威或历史人物的言论，可以为我们自己的观点提供额外的权威性和可信度，从而更容易赢得听众的信任和认同。但引经据典时也要注意名言的真实性和准确性，为我们的发言锦上添花。

发言智慧

如何正确地引经据典

引经据典能够提升我们在发言中的文化价值，但我们也要学会正确地引经据典。以下是一些引经据典的方法：

1. 确认经典的出处

在引经据典的时候，一定要核查这句话或者这个故事的出处。如果这句名言本来是甲名人说的，你却说是乙名人提出的，那可能会引得哄堂大笑，让你的发言效果大打折扣。

2. 理解经典的原意

在引经据典的时候，我们一定要对

所引用的话或者故事进行深入了解，弄清楚到底表达的是什么意思，是讽刺，还是夸赞，抑或是有更加深层的意义？有时候，如果没有领会到原意就直接引用，这会让其他人对我们要表达的意思产生误解，从而让我们的发言很容易被反驳、被怀疑。

3. 以自己的观点为中心

引经据典固然重要，但我们在引用的时候也要注意量的运用，不要一下子引用得太多，否则会显得我们的发言毫无中心，内容冗杂。在引用经典时，我们要谨慎地进行选择，选择那个最能帮助我们升华主题的例子，让经典起到辅助作用而不是主导作用。

4. 自然过渡

在发言中，通过适当的过渡语，如“正如某位伟人所说”或“历史上有个著名的观点”，将经典引文自然地融入其中。不要生搬硬套，最好是能将经典引文与现实生活或具体案例相结合，使论述更加生动有力。

5. 注意表达与风格

确保语言流畅、清晰，避免使用过于复杂的词汇或句式。同时，可以运用修辞手法（如排比、比喻等），使引文更加生动有趣。要注意的是，在引用经典时，保持谦逊的态度，避免过分炫耀自己的学识。

6. 注重反馈与调整

在发言过程中，注意观察听众的反应，及时调整语速、音量和语气。当发言结束后，也要积极收集听众的反馈意见，以便在下次发言时加以改进。

如何讲好一个故事

在发言中，开场白很重要，讲好经典、讲好故事也很重要。接下来给大家介绍几个讲述故事的小妙招儿。

1. 确保故事合适

关于开场白，如果我们的陈述不完整或者过长，就会让听众抓不住重点。所以，我们要让自己的开场白尽可能简明扼要，让听众一下子抓住我们此次发言的中心。

2. 注意语言的运用

在讲故事的时候，我们可以多使用通俗简单的语言，将故事娓娓道来。在讲故事时，我们要是用晦涩难懂的书面语，就会让听众无法准确知晓故事的内容和重点，从而丧失对我们发言的兴趣。

3. 保持自信

在发言的时候，我们要保持自信，不能太过谦虚。不要说类似于“我的故事可能不太好”这种话，否则会让听众下意识地认为我们的发言内容并不完善，从而不会集中注意力去听。相反，我们要对自己的故事展示出应有的自信，让听众觉得我们的故事很精彩，从而把目光落在我们身上。

总结时刻

在发言的时候引用经典文献、历史事件或名人名言，可以快速吸引听众的注意力，展示你的知识储备和对话题的深刻理解。但要注意，引用要恰当、准确，与发言主题紧密相关，避免生搬硬套，以免显得牵强。总之，恰当的引经据典能为开场发言增色不少，使你的发言更具有说服力和吸引力。

常见发言场景及话术

场景一：职场谈判

话术：我相信我们都有共同的目标，那就是达成双赢的协议。接下来，我建议我们围绕这些共同点，进一步探讨具体的合作方案。我相信，通过我们的共同努力，一定能够达成一个令人满意的合作。

场景二：项目启动会发言

话术：各位团队成员，大家下午好！今天，我们站在一个新的起点，准备扬帆起航。我知道，项目启动总是伴随着挑战与机遇。接下来，我将从市场、技术、团队三个角度，分享我们的准备情况。不过，在此之前，我想先问问大家，对于这个项目，你们最期待什么？

场景三：社区公益活动演讲

话术：亲爱的社区居民们，大家好！今天，我们聚集在这里，为了一个共同的目标——让社区更美好。我知道，每个人的心中都有一份对家的热爱与责任。接下来，我将分享几个关于社区改善的小故事，以及我们接下来的计划。但在开始之前，我想先听听大家的想法，你最希望社区在哪些方面有所改变呢？

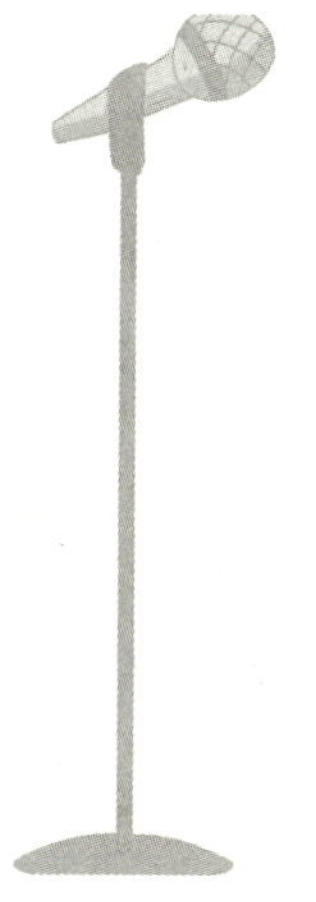

第五篇

从容应对，展现临危不乱的智慧

在发言的过程中，我们难免会遇到突发事件，这时候不能着急，要冷静下来，微笑面对小插曲。要是忘了词，就跳过或简单说说，再用别的话连起来。要是设备出了问题，别急，开个玩笑化解尴尬，或者找个帮手。请记住，现场表现看心态，要自信，灵活一些。每次突发事件都可以当作一次学习的机会，从容应对。

打开忘词的“应急锦囊”，应对大脑空白

树洞呓语

小张在公司工作了三年多，始终保持着对工作极高的热情和责任感。无论任务多么艰巨，他都能沉下心来，细心处理，不放过任何一个细节。在团队合作中，小张总是那个可靠的后盾，遇到问题从不推卸责任，深受同事们的信赖和喜爱。

然而，小张有个难以言说的困扰——每当需要公开发言时，他就十分紧张，记忆力似乎也瞬间“短路”。在公司的重要会议上，每当被点名发言，他就像被突然袭击了一样，脸涨得通红，心跳如鼓。站起来的那一

刻，手足无措，开口更是结结巴巴，原本准备好的话全都忘了，讲出来的话也杂乱无章，让人听不明白重点。

这样的情况不断发生。领导对小张的表现从一开始的满怀期待渐渐变成失望，甚至开始抱怨。领导实在想不通，小张工作时明明那么出色，怎么一到发言的时候就变得如此糟糕呢？领导开始质疑小张的综合能力，担心他在重要场合无法为公司准确传达信息。而小张自己呢，每次会议结束后，都陷入了深深的自责和苦恼之中。他清楚地知道这个问题严重阻碍了自己的发展，可就是找不到有效的办法来克服它。

树洞回音

相信很多人在上学时有过这样的经历：老师要求背诵课文，自己私下里背得特别熟，但一被老师点名上台，就紧张不已。原本记得清清楚楚的内容，突然之间全忘了，连开头都说不出口，这就是我们常说的“紧张忘词”。这种情况出现的原因有三个：一是脑子转得慢了，二是因为思路全乱了，三是紧张之下什么都记不起来了。

发言智慧

实用的记忆法

在发言时忘词，那滋味确实难受。要想避免这种“窘况”，我们可以试试下面几种实用的记忆法来加强对讲话内容的印象。

1. 图像记忆法

把你要讲的内容分成几部分，每部分都用一幅画来表示。这样，当你站在台上，就像在看连环画一样，一幅幅画面自动转换成语言，并且流畅地说出来。

2. 结构记忆法

讲话就像盖房子，得有框架才行。不管是什么主题，大致都能分为提出问题、分析问题、解决问题这三步。心里有了这“三间房”，讲话内容自然就清晰了。

3. 间歇记忆法

别急着一下子全记住，分几段时间来记，让大脑在休息时也能悄悄加工信息。这样，记忆会更牢固。

4. 机械记忆法

有些内容，比如人名、数字，给它们编个顺口溜、找个谐音，也能让记忆变得有趣又高效。

5. 联想记忆法

从一个点出发，想到相关的场景、人物，就像串起一串珍珠。比如讲“我的童年”，就要想想童年的环境、朋友，故事就自然而然地讲述出来了。

6. 情感记忆法

把自己当成故事里的角色，用真情实感来讲述，这样的内容，不仅自己记得牢，也能深深地打动听众。

要想发言时表现得出色，关键在于让思维变得有条理且高效。如果脑子里的信息杂乱无章，说话自然就容易颠三倒四。所以，我们得学会给信息分门别类，然后整理成清晰的框架，这样大脑轻松了，思考也就快了。

1. 运用金字塔原理整理信息

像搭积木一样，先搭好框架，再一块一块往里面填。纵向看，是从总体到细节，一步步深入；横向看，就是用逻辑把每块积木（想法）串联起来，要么是演绎推理，要么是归纳总结。比如汇报工作时，先给领导一个“总结预告片”，说项目到哪一步了，再简短说明遇到的问题和需要的支持。

2. 练习思维敏捷度

为什么有的人反应快，有的人慢半拍？这其实和思维切换的速度有关。高手们能在“思考模式”和“存储模式”间无缝切换，一听到问题，他们立刻从脑库里调出相关素材，并迅速整合答案。我们也得掌握这个本事，让思维更敏捷。

总结时刻

面对临场发言忘词的尴尬，我们需备有“应急锦囊”。关键在于日常培养清晰的逻辑思维，利用金字塔原理构建发言框架。遇到大脑空白时，迅速回忆并抛出核心观点作为“锚点”，再围绕此观点逐步展开细节。同时，平时多加练习，提升思维切换的速度，使信息检索与整合更为高效。这样一来，即便紧张忘词，也能凭借稳固的框架和灵活的应变能力，顺利渡过难关，展现出自信的风采。

磨炼外圆内方的智慧，发表意见要有策略

在一场部门工作会议上，大家正在热烈地讨论着一个重要项目的推进方案。小李讲完自己精心准备的方案后，就充满期待地看着大家，希望能得到一些积极的反馈和建设性的意见。

这时，老张清了清嗓子开始发言：“小李，你这个方案有些问题。从一开始，方向就错了，完全不切实际。这么做下去，肯定会失败，浪费大家的时间和精力。” 老张的话语如同一盆冷水，瞬间浇灭了小李刚刚燃起的热情。

会议室里的气氛一下子变得尴尬起来。小李的脸涨得通红，他张了张嘴，想要反驳却又不知道该从何说起。其他同事也面面相觑，

不知道该如何打破这种尴尬的局面。有人试图缓和气氛，轻咳了一声说："老张，虽然小李的方案可能有不完善的地方，但也有一些可取之处哇。"

老张并不以为然，继续坚持自己的观点："有什么可取之处？我看一点儿都没有。这个方案就是行不通，必须重新做。"他的语气听起来十分强硬，没有丝毫退让的意思。整个会议室陷入了一片寂静，大家都觉得很不自在，原本积极的讨论气氛被老张彻底地破坏了。小李则低着头，眼神中满是失落和沮丧。

树洞回音

在人际交往过程中，说话与做人的艺术尤为关键。稍有不慎，一句无心之言便可能种下仇恨的种子。因此，智者多奉行"外圆内方"的处世哲学。具体来说，就是先给予对方的观点以正面回应，随后再提出不同的见解。这种"先点头后摇头"的沟通方式，能有效缓解紧张的氛围，既维护了对方的尊严，也坚守了自己的立场。

先认同再否定

运用"先认同再否定"的策略，关键在于巧妙地平衡肯定与拒绝，让沟通既不失礼貌又保持原则。具体方法多种多样，但核心思路相通。

1. 先肯定再否定

当领导拒绝下属的提案时，先赞扬提案的亮点，再客观地说明当前条件不允许，这样既保护了下属的积极性，也明确了决策。下属感受到被认可，即便提案未通过，也会继续努力，寻找更可行的方案。

2. 先同情再否定

面对熟人的求助，若无法相助，先表达同情与理解，再说明实际情况。这样的回应能让对方感受到温暖，即使被拒绝也不会心生怨恨。比如，面对朋友的法律求助，先表达同情，再坦诚地说明爱莫能助，对方通常能够理解。

3. 先恭维再否定

当面对不想直接拒绝的请求时，先给予对方高度的评价，再诚恳地表达自身的难处。比如，某书法家拒绝加入书法协会，先表达敬意，再说明个人原因，让对方感受到被尊重，减少被人拒绝的不适感。

4. 先搅浑话题再否定

当不想直接回答敏感或不愿提及的问题时，可以巧妙地转移话题。比如，面对保险推销，通过谈论其他健康话题，将焦点从购买产品上移开，既避免了直接拒绝的尴尬，又保持了友好的氛围。

发言时巧妙地给出建议，不仅能让你的想法更受欢迎，还不会招人烦。记住以下几个要点，就能让沟通更顺畅。

1. 挑个好时机开口

不要在别人刚开口或情绪激动时插话，那会让对方觉得被打断或被质疑。等对方说完或讨论进入中段，再温和地提出你的看法。就像看电影，别在开头就剧透，要挑个好时机分享你的见解。

2. 说话方式很重要

别直接说“你错了”，那样的话语会伤人。你可以说“我觉得这儿可以优化下”或“换个角度看可能更好”。运用“我认为”“在我看来”这样的词，让别人知道这只是你的个人看法，不是强加于人。只有这样，对方才更容易接受你的意见，讨论的气氛也会更和谐。

3. 提建议时别忘了给出方案

不仅要指出问题，还要有解决的办法。比如，“这里设计的颜色稍显单调，加点儿亮色会更吸引人。”这样既有批评也有建议，显得你既专业又贴心。

4. 试试用提问的方式

不要直接否定，而是问：“你觉得这个方案可能会遇到什么困难？”这

样的问题能引导对方进行自我反思。此外，提问还能让对方觉得被尊重，因为你是在邀请他们一起思考，而不是单方面指责。

总结时刻

巧妙地提出建议，关键在于时机、语气与实际行动。别打断别人，等人说完再温和地发言，让对话更顺畅。我们可以用“我觉得”代替“你错了”，委婉地表达不同看法，既维护对方的面子，又促进友好的交流。不仅要指出问题，更要给出解决之道，展现你的积极态度和专业素养。试着用提问的方式引导对方思考，尊重他们的意见，一起寻找最佳答案。总之，提建议时要顾及对方的感受，用建设性的方式表达看法，这样才能更好地促进沟通和合作，共同解决问题。

突破故障的“重重包围”，保持从容镇定

树洞陋语

这天，某公司的新产品发布会在一间宽敞明亮的会议大厅隆重举行。公司的骨干员工、合作伙伴以及众多媒体记者齐聚一堂，期待着这场盛会。

年轻有为的部门经理李明作为此次产品的主要负责人，在发布会上进行发言。只见他身着笔挺的西装，精神抖擞地走上讲台，信心满满地准备向大家展示公司的最新成果。

李明清了清嗓子，开始激情澎湃地介绍产品的创新之处和优势。然而，就在他讲到关键时刻时，意外发生了。会场的投影仪突然出现了故障，原本清晰亮丽的演示画面消失不见了，取而代之的是一片漆黑。李明先是一愣，但他很快调整了状态，继续凭借自己的记忆进行讲解。

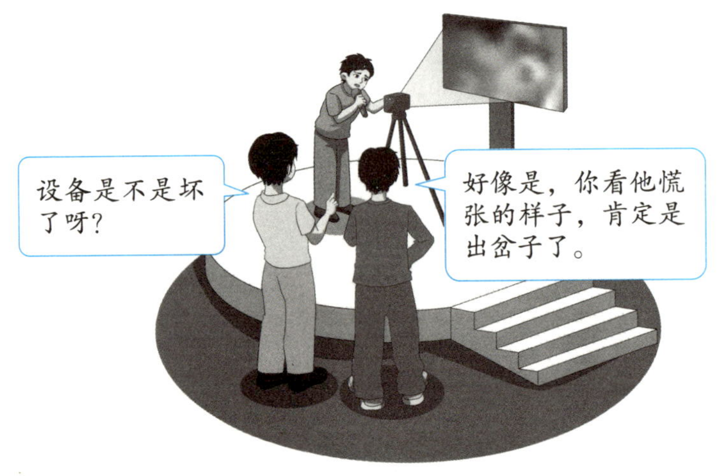

屋漏偏逢连夜雨，紧接着话筒也失灵了，发出刺耳的杂音后便没了声音。李明顿时慌了神，他的额头开始冒出细密的汗珠，眼神中充满了慌乱和无助。他不断地拍打话筒，希望它能恢复正常，但无济于事。

台下的观众开始交头接耳，场面变得有些混乱。李明站在讲台上，手足无措，大脑一片空白。他不知道该如何继续下去，原本精心准备的演说此刻变得支离破碎。

树洞回音

遇到突发状况时，可以用以下这些小妙招来应对：

1.保持自信和淡定。碰到意外情况时，发言者要稳住阵脚，相信自己有能力解决。别紧张，这样思路才清晰，更容易想出对策。

2.灵活应对现场变化。对于有些情况，我们无法提前知道，比如突然停电或警报响起。这个时候，发言者要机灵一些，想想怎么变通。比如，换个地方讲，或者拿起笔边写边讲，总之别让发言中断。

3.和听众打成一片。遇到突发状况时，别忘了和台下的听众们聊聊天。可以讲个小笑话，或者分享一些趣事，让气氛轻松一些。这样大家既能理解你的难处，也会给你加油打气，让发言继续下去。

技术设备出现问题的对策

在发言时，技术设备偶尔也会“闹脾气”，比如，麦克风、投影仪和音响系统都可能出问题，让人感到头疼。

1. 麦克风

如果它“罢工”了，声音要么听不清，要么杂音连连，让听众像猜谜一样。这时，你可以先拍拍它试试，也许是接触不良。如果还不行，那就请工作人员来帮忙，同时自己提高点儿音量，慢慢说，让每个人都能跟上你的思路。另外，你也可以采用“人肉扩音器”模式，靠近听众，大声但别刺耳地继续发言。

2. 投影仪

如果它“犯迷糊”，图片模糊、颜色不对或者干脆罢工，那演示效果就会大打折扣。遇到这种情况时，先别急着展示，请工作人员来维修。同时，用简单的话把重点讲一遍，让大家心里有个数。别忘了带上打印的资料或者白板，这样就算投影仪“罢工”，你也能继续你的精彩发言。

3. 音响系统

如果音响系统出现问题，可以试着自己调调看，不行再叫帮手。如果实在修不好，你就要靠自己的“天然音响”——大声点儿说，或者走到听众中去，让他们直接听到你的声音。发言时多停顿、多强调，这样大家就算在“杂音”中也能抓住你的重点。

总之，遇到设备出现问题也别慌，要冷静应对。利用身边的一切资源，确保你的发言能顺利地传达给每一位听众。记住，你的声音和内容才是最重要的，设备只是辅助。

发言时，环境因素也是不容忽视的，它们可能会悄悄地影响着你的表现。

1. 噪声

不管是外面的施工声、路上的喇叭声，还是室内的空调嗡嗡声、桌椅轻响声，都有可能让听众分心。这时，我们要学会“大声而温柔”——提高音量，但不要吼，用腹部力量发声，让声音既清晰又不刺耳。同时，说话要简洁，避免啰唆，这样做更容易让听众抓住重点。如果实在不行，就请组织者出手，关闭窗户或空调设备，甚至去外面协调噪声来源。

2. 空间布局

会议室太大或太小、座位乱排、讲台位置尴尬等，都会影响发言效果。大会议室就用扩音器，多互动，让每个人都能参与进来；座位不合理就走动起来，用眼神交流，拉近与听众的距离；讲台位置不好就灵活站位，用无线麦克风自由发挥。总之，要根据实际情况调整策略，让发言更加顺畅、有效。

3. 光线

光线太亮或太暗，都不利于发言。如果亮得晃眼，投影看不清；如果太暗，又会让观众感觉压抑，资料也难以读清晰。这时，我们可以灵活应对：光线强就调整投影角度或用窗帘遮一遮；光线暗就请工作人员开灯，或者自己带个小手电筒应急。发言时，注意别挡光，保持好姿势，让听众看清你的表情，增强交流。如果是重要资料，记得用高对比度的颜色打印，随时应对光线变化。

总结时刻

发言时，噪声、光线和空间布局都可能成为“拦路虎”。应对噪声，要大声而清晰，必要时请组织者协调解决。如果是光线问题，可以灵活调整投影和照明，确保资料清晰可读。如果是空间布局不佳，可以利用扩音、互动和灵活站位来克服。总之，面对环境因素，要灵活应变，确保发言清晰有力，让听众专注理解，从而提升交流效果。

掌控时间的秘诀，合理分配时长

树洞呓语

在一场重要的行业交流会议上，气氛热烈。各路精英齐聚一堂，分享着行业内的最新动态和见解。

会议进行到中段时，主持人热情地邀请一位在业内颇有名望的专家张华上台发表讲话。张华自信满满地走上讲台，台下响起了热烈的掌声。

张华一开始讲得非常精彩，他以丰富的经验和深刻的见解，深入浅出地分析了当前行业所面临的挑战和机遇。听众全神贯注地聆听着，不时点头表示认同。

然而，张华似乎忘记了时间的限制。他越讲越投入，从一个观点引申到另一个观点，案例一个接着一个，完全没有停下来的意思。原本预计15

分钟的讲话时间，已经过去了半个小时，张华却还在滔滔不绝地讲着。

听众开始有些坐不住了，有的人悄悄看起了手表，还有的人已经起身离开了，但张华完全没有察觉到这些变化，依然沉浸在自己的讲话中。

会议组织者在一旁焦急地看着，他们知道这样下去会严重影响会议的正常进程。终于，主持人不得不硬着头皮上台，委婉地提醒张华时间已经超了很多。张华这才如梦初醒，尴尬地结束了自己的讲话。

树洞回音

由于发言环境存在太多变数，组织者往往会和发言者约定一个时间上限，确保内容紧凑。但现场总有些不可预见的情况，使会议时间延长或缩短。长时间的活动容易让人疲惫，心情也变得很差。反之，若活动提早结束，大家也会觉得意犹未尽。

面对这种时间上的不确定，发言者要灵活应对：超时了就尽快精简内容，别拖沓；时间有富裕，就加点儿料，让发言更丰满。但不管是加还是减，都要围绕主题，保持发言的整体性和连贯性，别让听众觉得突兀或偏离了方向。

如何掌控时间

在发言时，掌控时间十分重要。估算发言时长有个简单的方法：大约每分钟200字，所以3分钟就是600字，5分钟则是1000字。由于每个人语速不同，内容也要灵活调整。掌控发言时间，关键在于提前规划和现场应变。

1. 明确主题和目标

像搭积木一样把内容分成几块，每块都定好时间。准备几份不同长度

的稿子，应对不同时长需求。

2. 语速要适中

在发言时，语速要适中，既不让听众跟不上，也不让他们等太久。用词简单直接，让信息能够快速传达。把计时器当作“小秘书”，提醒自己别超时。每过几分钟看一眼，做到心里有数。

3. 现场灵活应变

如果时间多，就多讲点儿细节；如果时间紧迫，就直奔主题。此外，设置互动环节能调节节奏，时间充裕就多聊会儿，时间不够就言简意赅。

4. 不要忽视细节

发言时要保持专注，不要跑题或拖延。做到这些，你就能精准地控制发言时间，让每句话都落在点上，给听众留下深刻的印象。

5. 通过练习提高时间感

多讲几遍，用计时器练手感，直到能灵活把控时间。别忘了找听众朋友们要反馈，他们的意见或许能帮你更精准地调整发言时间。

发言时长的控制，要看场合、内容和听众的心情，根据具体情况进行调整。

1. 正式场合

学术会的时间虽长但也要守规定，一般在半小时到1小时之间；商务会议则讲究效率，几分钟到十几分钟搞定；公众发言，18分钟左右最受欢迎，短而精，十分吸引人。

2. 内容复杂的发言

别怕花时间解释，要条理清晰，举例生动，别让听众犯困。记住，成年人的注意力有限，互动提问，让听众跟着你的节奏走。

3. 现场发言

别老盯着时间看，那样容易产生紧张感。大体上按计划走，偶尔瞄一眼时间，保持节奏就可以。稿子要灵活一些，不要咬文嚼字，语速、详略要看情况做出调整。

4. 意外情况

意外情况常有，所以最好准备些万能故事和案例，随时救场。发言

时，留出观众提问、分享或游戏的时间，这样即使时间不够或多了，你也能从容应对。

5. 不知道现场时间

先看看挂钟或电脑时间。如果这些都没有，可以戴个手表，这样便于看时间，或者跟助手打个招呼，让他适时提醒你，这样你就有时间观念了。

总结时刻

发言时长要灵活应变，依场合、内容、听众而定。正式场合可稍长，商务会议宜紧凑，公共发言则适中。内容复杂则详解，但要简洁明了；考虑听众的注意力，适时互动激发兴趣。现场发言时，别紧盯时间，自然流畅为佳。遇到意外情况，妥善应对；灵活设置互动环节，根据现场调整时长。总之，发言要精彩，时长要得当，让听众听得进、记得住。

练就超强的发言自控力，巧妙控场要讲技巧

树洞陋语

在一次重要的商务论坛上，年轻有为的企业家林鹿被邀请上台分享自己的创业经验。林鹿信心满满地走上讲台，他的开场白简洁有力，瞬间吸引了全场听众的注意力。

然而，在讲述自己公司发展历程中的一个关键决策时，林鹿一时口误，将一个重要的时间节点说错了。这个小小的失误让林鹿心里“咯噔”一下，他的脸上闪过一丝慌乱。尽管台下的听众可能并没有注意到这个错误，但林鹿却对自己的失误耿耿于怀。

林鹿的思绪不断地被那个错误拉扯着，心中充满了自责和懊悔。在接下来的讲述中，林鹿变得结结巴巴，原本流畅的表达变得磕磕绊绊。他的眼神也失去了之前的光彩，开始游移不定，不敢与听众进行眼神交流。

随着时间的推移，林鹿的状态越来越差。他忘记了自己准备好的要点，讲话变得毫无逻辑。台下的听众开始窃窃私语，场面逐渐变得混乱起来。林鹿试图调整自己的状态，但他发现自己已经完全无法掌控会场的局面。

林鹿的内心充满了绝望，觉得自己搞砸了这次重要的发言。最后，林鹿只能草草地结束自己的讲话，灰溜溜地走下讲台。

树洞回音

发言的精髓在于巧妙的控场艺术。面对多变的听众情绪和现场氛围，发言者要像磐石般沉稳，有效牵引听众的注意力，引导氛围向积极方面演进。自控力，简言之，就是管好自己情绪与行为的“内功”。成功与失败的分水岭，往往在于这份自控力。缺乏自控力，就如同航行无舵，易受听众情绪波动的影响，发言者先乱了阵脚，既无法打动人心，也无法让发言圆满结束。可见，自控力对发言尤为关键。

提高自控力

自控力是发言的制胜法宝。研究表明，顶尖的成功人士往往拥有超乎

常人的自控力，他们可以有效地聚焦目标，高效地完成任务。在台上，那些闪耀的精英，如林肯、乔布斯，无一不是拥有高超自控力的典范。

想要提高发言中的自控力，可以参考以下几个实用的原则：

1. 放下错误的包袱

发言时出错在所难免，别让它成为心理负担。记住，听众可能根本没注意到你的错误，就算注意到了，也很快会忘记。别让自责和懊悔绊住你的脚步，一笑而过，继续你的精彩发言。

2. 勇敢说“不”，坚持自我

学会拒绝，坚持自己的观点和立场，这样的你在台上会更加自信，不易受外界干扰。在日常生活中也要这样修炼，让“不”字成为你力量的源泉。

3. 全神贯注于当下

发言时，别回头望，也别预支未来。把心思完全放在正在讲述的话题上，用你的热情和智慧去感染听众。想象自己站在空无一人的舞台上，只与话题“共舞”，这样你就能更加专注于内容的呈现，让每一句话都充满力量，引人深思。

灵活应变

发言的魅力，不仅在于口才的流畅，更在于面对多变状况时的那份

从容与掌控。要想在发言中稳住阵脚，以下几个控场技巧可以助你一臂之力。

1. 气场先行

登台的那一刻，你就是全场的焦点。如果自信满满、步伐稳健，你的气场自然能震慑四方，让听众瞬间被你吸引，不敢分心。

2. 眼神交流

一个眼神，胜过千言万语。用眼神传递情感，让听众跟随你的思绪起伏。遇到小情况，一个严厉的眼神加上提醒，足以让现场恢复平静。

3. 肢体语言

手势、眼神，都是你的秘密武器。适时而动，能让发言生动有趣，但切记过犹不及，频繁的动作只会让人反感。别忘了，尊重听众，避免对其指指点点。

4. 以真诚打动人

真诚是最能打动人的。分享你的故事，倾听听众的声音，让发言成为一次心灵的交流。当你们的心连在一起时，台下的秩序自然不是问题。

5. 借题发挥

借题发挥，也是高手常用的招数。把现场的小插曲变成发言的亮点，不仅能够化解尴尬，还能让听众印象深刻。

6. 骤然停止，以静制动

面对嘈杂，不妨短暂停顿，用沉默的力量让现场安静下来。虽然只是短短几秒，但足以让听众意识到你的存在，重新聚焦于你的发言。

总结时刻

发言的成功在于口才与心理素质并重。通过气场展现自信，肢体语言增色，眼神交流控场，借题发挥可化尴尬为亮点，真诚沟通打动人心以及适时停顿维持秩序，这六大技巧能帮你从容应对发言现场的变化，确保讲话内容深入人心，让听众全神贯注，共同享受一场精彩的发言盛宴。

应对突发质疑有妙招儿，沉着回应显风范

树洞随语

在一次重要的商务会议上，刘想作为项目负责人，正在自信地向客户展示他的提案。他讲解到一半时，一位客户突然提出疑问，认为他的方案存在一个明显的漏洞。刘想立刻心跳加速，他感到自己的专业能力受到了质疑。

在冲动的驱使下，刘想立刻反驳，声音中带着明显的怒气：“你完全误解了我的意图！”他试图解释，但讲得语无伦次，反而让客户更加怀疑他的专业素养。会议室里的气氛变得紧张，其他客户也开始窃窃私语。

刘想意识到自己的失态，但已经太迟了。他不冷静的反应让客户对他的提案失去了信心。会议结束后，他被上司叫去谈话，提醒他无论面对怎样的质疑，都应该保持冷静和专业。

这次经历让刘想深刻地认识到在压力下保持冷静的重要性。他开始学

习情绪管理技巧，无论遇到多么尖锐的质疑，他都能以平和的态度回应，并逐渐赢得了客户的信任和尊重。

树洞回音

面对别人的质疑时，我们首先要做的是保持冷静。不要被对方的情绪影响，也不要急于反驳，而是应该先认真倾听对方的观点，理解他们的疑虑和担忧。在理解了对方的观点之后，我们要有针对性地回应他们的质疑。我们可以通过提供更多的证据、数据或者案例来支持我们的观点，同时也可以尝试从对方的角度出发，寻找共同点，以达成共识。在整个过程中，我们要始终保持礼貌和尊重，避免陷入情绪化的争论。

发言智慧

被听众质疑怎么办？

在发言时，我们偶尔会遭到质疑，下面是一些面对质疑的应对方法。

1. 认真倾听对方的质疑

确保完全理解了对方的观点和担忧。这不仅显示了你对对方的尊重，还能帮助你更准确地回应对方的疑虑。

2. 不要急于辩解或反驳

深呼吸，给自己一点儿时间思考。这可以帮助你组织语言，确保你的回应既准确又有说服力。在回应时，保持语气平和，避免情绪化的语言，这样可以减少对方的防御心理，使对话更有建设性。

3. 提供事实和数据来支持你的观点

如果可能，可以引用权威数据或案例来佐证你的论点。同时，承认自己观点的局限性，这显示了你的诚实和开放性，有助于建立信任。如果听众的质疑是合理的，不要害怕承认错误或调整你的观点。这不仅能体现你的灵活性和适应性，还能增强你的可信度。

4. 给出方案

如果问题复杂或需要进一步的讨论，可以提议在会议结束后继续探讨。这样既可以避免在大庭广众之下陷入无休止的争论，也表明你愿意投入时间和精力来解决他们的问题。

遭到质疑如何回应？

在发言过程中，有时会遇到来自听众的质疑。面对质疑，如何冷静、理智地回应，不仅是对个人心理素质的考验，更是展现专业素养和沟通能力的重要机会。在遭遇质疑时，可以采取以下几个办法回应：

1. 保持冷静与镇定，展现专业形象

当质疑声响起时，发言者的首要任务是保持冷静与镇定。情绪的控制是应对质疑的第一步，它关乎后续回应的质量与效果。发言者应通过深呼吸、调整呼吸节奏等方式，迅速平复自己的心情，避免陷入愤怒、焦虑或紧张的情绪中。同时，发言者还需注意自己的姿态与表情，保持挺拔的身姿、自信的微笑，以展现出自己的专业素养与从容不迫的风度。这样的表现，不仅能够为自己赢得更多的尊重与信任，还能有效地缓解紧张气氛，为后续的回应打下良好的基础。

2. 明确质疑核心，避免误解产生

听完质疑后，发言者需要用自己的话复述一下质疑者的问题，以确认自己理解得正确。这一步骤的作用在于帮助双方明确质疑的核心问题，避免因为表述不清或理解偏差而产生误解。例如，发言者可以说："你的意思是说，对我们提出的方案在成本方面存在疑虑，对吗？"这样的复述，既能够展现出自己的理解与尊重，又能够为后续的回应提供准确的靶心。

3. 提供清晰的解释与证据，增强说服力

针对被质疑的问题，发言者需要提供清晰、有条理的解释。这些解释可以来自相关的数据、案例、研究成果等，它们能够为发言者的观点提供有力的支撑。在解释的过程中，发言者需要注意语言简洁明了，避免使用过于专业或复杂的术语，以免让听众感到困惑与不解。同时，发言者还可以通过举例、对比等方式，让解释更加生动、形象，从而增强自己的说服力。

4. 提出解决方案或改进措施，展现积极态度

如果质疑的问题确实存在，发言者需要展现出自己的积极态度与解决问题的能力，并通过提出相应的解决方案或改进措施来实现。例如，针对成本方面的问题，发言者可以说："针对成本方面的问题，我们可以考虑优化流程、寻找更经济的材料供应商等方法来降低成本。"这样的回应，既能够展现出自己的专业素养与解决问题的能力，又能够让质疑者看到问题是可以得到解决的，从而增强他们对发言者的信任与尊重。

总结时刻

当你在发言过程中遭到质疑时，首先，要保持沉着冷静。不要因为对方的质疑而慌乱失措，也不要急于反驳。你可以先认真倾听对方的质疑，理解对方的观点和立场，然后有针对性地进行回应。在回应时，要注意语气和态度，不要使用攻击性语言，要用事实或数据来支撑自己的观点。其次，要尊重对方的意见，不要把自己的观点强加给对方。最后，要保持开放的心态，接受不同的观点和意见，以便更好地推动讨论和交流。

常见发言场景及话术

场景一：公开演讲忘词时

话术：哎呀，看来我刚才的思路稍微绕了个弯儿。不过没关系，让我调整一下呼吸，重新找回那份激情。在座的各位，你们有没有遇到过类似的挑战？好了，言归正传，接下来我要讲的是……

场景二：团队讨论发表意见

话术：感谢大家的分享，我注意到一个共同点，那就是我们都在为团队的目标努力。我想说的是，我们不仅要关注任务的完成，更要注重过程中的团队合作和相互支持。我相信，只要我们齐心协力，就能克服一切困难。同时，我也愿意听取大家的想法，一起努力把我们的团队做大做强。

场景三：时间紧迫的即兴发言

话术：时间紧迫，但我相信，简短的话语也能传递深刻的意义。下面我将用三个关键点来概括我的想法：首先，我们要保持冷静和专注；其次，团队间的沟通至关重要；最后，我们要相信自己的潜力。即使时间有限，我们也要全力以赴，不留遗憾。

第六篇

为不同场景定制专属的发言策略

面对不同的场景，定制专属的发言策略至关重要。正式会议，严谨专业，条理清晰；社交聚会，轻松幽默，拉近人心；教学课堂，深入浅出，激发兴趣；公开发言，激情澎湃，吸引眼球。了解听众，适应环境，灵活调整语言风格和内容深度，让每句话都恰到好处，确保发言精准有效，使听众产生共鸣。

掌握会议的“精准发声术”，展现专业素养

树洞随语

在一场重要的部门工作会议中，气氛严肃且紧张，各个小组的代表都准备就近期的项目进展情况进行发言。

轮到张凯作为他们小组的代表发言了，他紧张地站起身来，脸上露出不自信的神情。他一开始没有把握好发言的时机，在前面一位代表刚刚结束发言，大家还在思考的时候，便迫不及待地开始了自己的讲述。

“嗯…… 那个…… 我们小组在这个项目上也做了很多工作。” 张凯结结巴巴地开场，声音还有些颤抖。接着，他开始描述他们小组的工作过

程，但内容空洞无物，只是泛泛地说了一些大家都知道的流程和步骤，没有任何实质性的成果展示和深入分析。

"我们就是按照计划一步一步来的，大家都很努力……" 张凯继续说着，却发现会议室里的同事们似乎听不懂他在说些什么。

张凯越发紧张，额头上冒出了细密的汗珠。他试图挽回局面，却不知道该说些什么，只能继续重复一些无关痛痒的话。整个发言过程变得异常尴尬。

当张凯终于结束发言时，会议室里弥漫着一种尴尬的沉默。

树洞回音

从古至今，会议都是团队探讨问题、共同决策的重要舞台。组织的顺畅运作，离不开高效会议的支撑。简言之，会议的质量直接关乎机构的运转效率。会议就像一场大戏，主角如何精彩演绎，配角如何巧妙搭腔，都有实用的技巧和智慧。

发言智慧

掌握会议发言的艺术

会议是多面镜，既映照问题，也展现个人风采。在这里，每个人的发言都是自我能力的展现，领导目光如炬，捕捉着每个闪光的瞬间。因此，掌握会议发言的艺术，对职业的发展至关重要。

1. 发言要条理清晰

一步步构建你的观点大厦，让人一听就懂，印象深刻。采用"一二三"的方式总结你的意见，既显得专业，又能迅速抓住听众的心。

2. 内容要可靠

数据、实例是你的坚实后盾。它们或许不够华丽，但绝对能增加你话语的分量，让人信服。记住，内容真实可靠比天花乱坠更能打动人心。

3. 发言要紧跟会议节奏

发言要紧跟会议节奏，与主题和他人观点相呼应。这样才能让你的声音成为会议乐章中的一个和谐音符，而非突兀的杂音。

会议中的种种挑战，比如，何时发言、如何避免主观色彩、如何提出和应对质疑等，都非常考验智慧。选择发言时机，就像跳舞踩点，不早不晚，恰到好处；避免主观色彩，让你的建议更加客观中立，易于接受；被人质疑时，礼貌诚恳是最佳武器；遭遇质疑时，保持平和的心态，有理有据地回应，让真理越辩越明。

想要发言吸引人，记住以下几个秘诀很关键：

1. 心中有数，言之有序

明确会议议题，梳理发言脉络，如同烹饪前精心挑选食材与构思菜谱，如此一来，发言便能条理分明，让人一听就懂，给人留下深刻的印象。即便即兴发挥，也要紧扣主题，富有条理。

2. 站位高远，代表集体

发言承载着团队的形象。多用“我们”，少言“我”，展现团队的协作精神，让领导和同事感受到你的谦逊与大气，自然能赢得更多的赞赏。

3. 内容充实，拒绝空话

优秀的发言不是空中楼阁，而是基于扎实准备的深刻见解。提前了解会议背景，收集相关资料，明确观点与论据，让发言内容丰富、有力量，方能触动人心。

4. 眼神交流，关注核心

会议中，眼神是沟通的钥匙。要留意重要听众，用眼神传递信息，激发他们的共鸣。当感受到听众的回应与关注时，那份自信与成就感会让你的发言更加生动、成功。

总之，作为会议代表发言，既是对个人能力的考验，也是为团队增光的机会。运用这些技巧，会让你的发言更加精彩，为会议增添光彩。

总结时刻

精通会议的“精准表达法”，能在关键时刻用既专业又简练的言辞发表意见。这样不仅能直击问题核心，还能彰显你的专业能力。如同神射手对准靶心，你的每次发言都能准确到位，让人一听就懂，给人留下深刻的印象。凭借条理清晰的思路、扎实的论据和恰当的言辞，你一定能在会议中崭露头角，成为团队中一颗耀眼的明星。

公开发言的“舞台魅力法”，征服全场观众

在一场行业交流大会上，一位年轻的从业者李磊被邀请上台发言。

李磊怀着紧张又兴奋的心情走上讲台，他清了清嗓子开始发言。然而，从一开始，他的发言就暴露出主题不集中的问题。他先是讲述了自己进入这个行业的一些经历，回忆起当初找工作的种种不易，接着又讲到了行业的一些历史变迁，一会儿说到某个前辈的传奇故事，一会儿又开始谈论自己对行业未来的模糊憧憬。

听众原本期待着能听到一些有深度、有针对性的见解和分析，可李磊的发言却如一盘散沙。他在各个话题之间跳跃，没有一个明确的主线将它

们串联起来。而且，他的发言方式也十分无趣。他语调平淡，没有任何起伏和变化，就像在念一篇枯燥的报告。他只是机械地陈述着自己想到的各个点，完全没有考虑听众的感受。

台下的听众露出不耐烦的神情，有的甚至打起了哈欠。李磊似乎没有看到听众的反应，依然自顾自地继续着他那混乱无趣的发言。等到他终于结束发言走下台时，有的听众甚至直言不讳地表达了自己的不满，让他尴尬无比。

树洞回音

李磊的发言经历凸显了在会议发言中常见的两大问题：首先，主题不聚焦与表达乏力。他未能明确并紧扣发言主题，导致内容散乱无章，听众难以捕捉其核心观点。其次，表达方式缺乏吸引力和感染力，语调平淡无奇，不能调动听众的兴趣和情绪。成功的发言者会运用丰富的语调和肢体语言，使内容生动有趣，与听众建立情感共鸣。

让发言变得有趣的小窍门

让发言生动有趣、不枯燥，是每位发言者梦寐以求的境界。其实，这并不难实现，只需要掌握几个小窍门，你也能成为那个让听众捧腹又深思的发言高手。

1. 幽默的自我介绍

窍门：用幽默且带有互动性的方式介绍自己，避免单纯的自嘲，可以尝试将他人与自己的某种相似性巧妙结合。

举例：“大家好，今天很高兴见到大家。我是一个和名人有共同之处的人，这个共同之处就是，我有个人名。”

2. 融入笑料，让主题更加生动

窍门：提前准备与发言主题相关的笑话、趣闻或妙语，并自然地融入发言中，使内容更加生动。

举例（关于团队合作）：“说到团队合作，就像是在厨房里准备一顿大餐，每个人都是厨师，如果没有默契，就可能会变成一场‘谁动了我的奶酪’的现场直播。不过，好的团队就像调味料，能让平凡的食材变成盛宴。”

3. 寻找共鸣，拉近心灵距离

窍门：利用共同的经历、文化背景或现场环境作为切入点，与听众建立情感联系。

举例（在大学毕业典礼上）：“我记得，四年前我们带着对未知的好奇和一丝不安踏入这扇门。今天，虽然我们要各奔东西，但请记得，无论未来身处何方，我们都是那个曾在图书馆熬夜备考、在操场上挥洒汗水的‘我们’。”

4. 设置悬念，激发好奇心

窍门：在关键信息前设置悬念，让听众期待下文，保持注意力的集中。

举例（关于创新）：“如果爱迪生在发明电灯泡前说：‘我要做一

件改变世界，但可能失败无数次的事。’你们猜，那时候会有多少人相信他？其实，真正的创新，往往始于一个看似不可能的梦想。”

5. 一语双关，增添趣味

窍门：利用语言的多义性或情境的双关性，创造出意想不到的笑点或深思。

举例（关于时间管理）：“时间就像沙滩上的沙漏，你不可能抓住每一粒沙，但你可以选择如何建造自己的沙堡。记住，我们是时间的主人，不是它的奴隶，除非你愿意，否则别让‘拖延症’成为你的终身伴侣。”

在和别人聊天时，想要发言成功，关键的一点是要确保主题鲜明且集中，避免内容分散，流于表面。要让发言主题鲜明且吸引人，我们可以采取以下几个步骤，让内容既集中又触动人心。

1. 精练主题关键词

一旦确定了发言的核心议题，就需要像淘金般筛选出最能代表这一议题的关键词或短语。这些关键词如同发言的指南针，可以确保你的每一句话都紧密围绕中心，从不同侧面深刻地阐述主题。就像搭建房屋时选择坚固的基石，主题关键词是构建发言大厦的基础。

2. 丰富并深化主题内容

有了主题关键词后，就要逐步展开并深化这些关键词的内涵。通过举例、引用、对比等多种手法，让发言内容变得丰富多彩，不要仅仅停留在表面，而是要深入听众的心田。同时，结合现场氛围和听众的反馈，灵活调整内容，使之更加贴近人心，增强感染力。

3. 倾注真实情感

在发言中，除了逻辑严密的论述，更重要的是真诚地表达自己的感受和见解。因为真正的情感交流能够跨越语言的障碍，直击听众的灵魂。尝试在发言中融入自己的亲身经历、情感体验或对某一问题的深刻思考，这样的发言才会更加生动有力，触动人心。记住，真诚的分享往往比华丽的辞藻更能赢得听众的共鸣和掌声。

总结时刻

发言就像写文章，要有清晰的中心论点。如果发言成了一场无序的辩论，多个观点齐飞，听众就会听得一头雾水，整场发言也会变得杂乱无章。所以，发言成功的精髓就是确保主题鲜明，内容紧凑不跑偏，让听众一听就懂，能够深刻地理解你想要表达的主旨。

谈判桌上的“即兴发言法”，活用谈判技巧

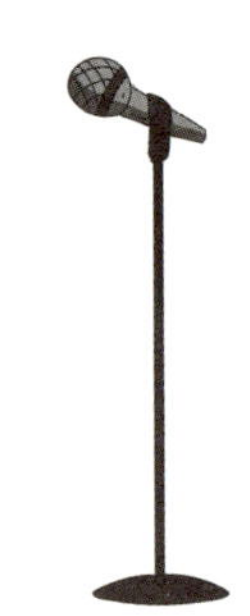

树洞陋语

在一次重要的商业合作谈判中，公司派出了经验尚浅的员工赵亭代表公司出席。

谈判开始，双方代表入座。赵亭紧张地清了清嗓子，准备发言。然而，一开始他就暴露出不懂得发言策略的问题。他没有先倾听对方的需求和期望，而是急于阐述自己公司的优势和条件，一股脑儿地把公司的各种成就和荣誉说了出来，却没有考虑到对方是否关心这些。

在发言的过程中，赵亭也缺乏发言技巧。他语言生硬，既不委婉，也没有灵活性。当对方提出一些疑虑和问题时，他不是耐心地解释和沟通，而是直接反驳，强调自己公司的立场是正确的，这让对方代表的脸色逐渐

变得不好看。

随着谈判的进行，赵亭丝毫没有调整自己的发言方式。他没有尝试寻找双方的共同利益点，也没有提出建设性的解决方案。他只是不断地重复自己公司的要求，仿佛在进行一场单方面的发言。

对方代表开始失去耐心，交流的氛围变得越来越紧张。赵亭却没有意识到问题的严重性，还在继续坚持自己的观点。最终，对方代表纷纷摇头，起身表示这次谈判无法继续进行。

树洞回音

在生活中，谈判无处不在，不论你是否愿意，我们都会成为各种谈判游戏的参与者。搞定客户签约、争取加薪、砍价购物，都离不开谈判。谈判的艺术，其实就是说话的艺术加上智慧的抉择，既要清楚表达自己的想法，又能迅速分析情况，找出对自己最有利的方案。即兴发挥尤为关键，因为谈判往往不容你慢条斯理地准备，一句话可能就会决定胜负。

即兴发言小妙招儿

想要成为谈判桌上的佼佼者，掌握即兴发言的策略至关重要。以下几个实战小妙招儿，能帮你轻松应对各种谈判挑战。

1. 摸清对方底牌

谈判就像下棋，你要先摸清对手的棋路。别急着亮出底牌，先跟对方拉拉家常，聊聊社会热点、兴趣爱好之类的轻松话题。这些看似无关紧要的闲聊，其实是你收集情报的好机会。通过对方的言谈举止，你能大概摸透他们的心理底线和谈判底线。此外，提问比直接陈述更有效，巧妙的问题能让你在不暴露自己意图的同时，深入了解对方的需求和底线。

2. 虚虚实实，迷惑对手

谈判桌上，真话假话都要会说。适当的时候，用点儿“烟幕弹”，让对方摸不清你的底细。特别是遇到贪心的人，你的虚虚实实会让他们陷入迷茫，开始怀疑自己的判断，最后不自觉地落入你的“圈套”。

3. 迂回战术

如果正面硬碰硬不是最佳选择，那就试试迂回战术。别直接和对方对着干，巧妙地绕到他们后方，在他们没防备的地方发起攻势。这样不仅能避免正面冲突，还能让对方措手不及，跟着你的节奏走。

4. 故意装傻

遇到强势的对手怎么办？别急，你可以用看似无知的发言让对方放松

警惕，多暴露些信息。等他们自我表现够了，气势也就弱了。这时，你再亮出真功夫，用犀利的言辞掌握谈判的主导权。这种“扮猪吃老虎”的策略，往往能让对手措手不及。

谈判中的发言技巧

在谈判桌上，即兴发言不是随便说说那么简单，它是一门技术活。简单来说，陈述就是向对方介绍自己或阐述看法的过程，掌握陈述技巧，能让谈判事半功倍。

1. “缓和语”的艺术

谈判中发生观点碰撞时，用“缓和语”来搭桥，就像给话语加了一个合适的过渡。比如，“确实，你的看法挺有见地，值得一听。而我呢，也有几点小想法，想和你分享……”这里的“而”“不过”“但是”等，都是过渡的好帮手，它们让对话听起来更像是交流，促进双方平和地讨论分歧。

2. 破冰解围话术

谈判遇阻，气氛紧张时，一句贴心的“解围语”能扭转乾坤。比如，“咱们这样僵持下去，对谁都没好处，合作嘛，总得向前看。”既点出了僵局的不利，又展现了合作的诚意，对方听后往往会软化态度，愿意重新考虑。

3. 语言要灵活多变

谈判如交友，要看人说话。对方文雅，我们就文绉绉；对方直率，我们也爽快些。这种“看人下菜碟”的策略，让沟通双方的距离自然拉近，合作也就水到渠成了。

4. 肯定的力量

在谈判桌上，发现对方的小失误时，不妨先给予肯定：“你的想法很有创意，只是在这一点上，我有另一种看法……”这样的肯定，既让对方感到被尊重，也为自己赢得了继续对话的机会，谈判之路也因此变得更加顺畅。

总结时刻

即兴发言的关键在于灵活应变。谈判桌上形势多变，你的发言也要跟上节奏。是速战速决还是耐心等待？是先发制人还是后发制人？发言风格是猛烈还是温和？这些都要根据具体情况来定。灵活运用谈判策略，才能在谈判桌上游刃有余，成为真正的谈判高手。

日常聚会的“发言规则”，待客应酬有章法

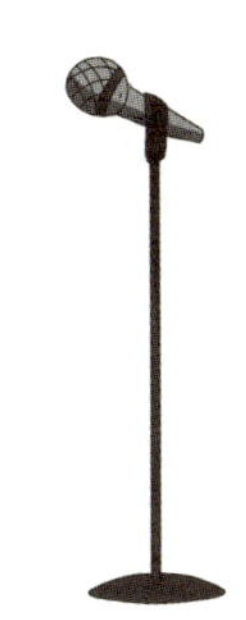

树洞随语

一次同学聚会，大家久别重逢，气氛热烈而欢快。然而，随着聚会的进行，郑南的表现却让气氛逐渐变得有些尴尬。

郑南一开始就显得格外兴奋，当大家轮流发言回忆校园时光的时候，他便迫不及待地站了起来。“同学们，哎呀，真的是好久不见了呀！我跟你们说，自从毕业后，我这日子过得那叫一个丰富多彩。”郑南一开口就停不下来，开始长篇大论地讲述自己工作中的琐事。

他完全不注意场合，不管大家的反应，自顾自地说着自己在公司里如何和同事竞争一个项目，又如何加班加点地完成任务。他还详细描述了一些办公室的小矛盾，完全没有考虑到这些内容可能并不适合在同学聚会上分享。

“我那个领导，特别挑剔，有一次……” 郑南滔滔不绝，完全没有意识到大家已经开始有些不耐烦了。有的同学试图打断他，他却像没听见一样，继续诉说着自己的故事。

聚会的氛围被他冗长的发言弄得有些沉闷，原本大家期待的温馨回忆和轻松交流被他的滔滔不绝破坏了。郑南却还沉浸在自己的世界里，直到最后有人起身离席，他才意识到自己的发言可能有些不妥，但此时聚会的气氛已经被破坏了。

树洞回音

在日常生活中，无论是家庭聚会、颁奖典礼、公司庆典、茶余饭后的闲聊，还是与老同学、朋友的欢聚时光，我们时常需要即兴说上几句。这种场合的发言，讲究的是思维敏捷、即兴发挥，没有太多时间提前准备或打草稿。一般情况下，发言会很自然地从表达感谢开始，接着回顾一些相关的经历或感受，最后以美好的期望或愿景作为收尾。当然，在即兴发言的过程中，每个人都可以根据自己的心情和现场的氛围，灵活调整内容，让发言变得更加生动有趣，贴近人心。

日常应酬中的即兴发言窍门

在日常交往中，除了专业技能，即兴表达的能力也是衡量能力的重要一环。可以说，这种在聚会或商务场合上的即兴发言能力，往往能在不经意间塑造你的职业形象，甚至左右你的职业发展轨迹。可以说，提升即兴发言能力，是每个人追求更顺畅的人生道路的一门必修课。那么，在日常

应酬中，我们应该掌握哪些即兴发言的小窍门呢？

1. 投其所好，避其所恶

了解对方的喜好和避讳，发言时就能精准踩点。比如，对方刚经历挫折，就别提让人伤心的话题，而是多说些鼓励和支持的话。

2. 聊对方的职业

人都爱聊自己熟悉的事，尤其是工作。问问他的职业心得或是行业趣闻，对方自然会滔滔不绝，气氛瞬间变得热络。

3. 问候要具体

别总问“最近怎么样？”，这样的问候太敷衍。试着问“最近身体好吗？”或“新工作还适应吗？”，这样的提问能引导对方说出更多细节，让对话更深入。

4. 紧跟社会热点

新闻、网络事件、娱乐八卦，这些都是大家茶余饭后的谈资。用这些话题开头，能引起共鸣，让对话更顺畅。

5. 用反问激发对方的优越感

适时地表示自己对某个话题不太了解，但非常愿意倾听对方的见解。这样既能显示你的谦逊，又能让对方感受到被尊重，乐于分享更多。

中国人热情好客，在迎来送往的日常应酬中，如何即兴交谈，给客人留下美好的印象，展现自己的礼仪与素养呢？关键在于迎宾接客时的发言技巧。

1. 称呼与寒暄至关重要

一个恰当、尊敬的称呼能瞬间拉近彼此的距离，让交谈自然流畅。若称呼不当，则可能让对方心存芥蒂。因此，我们要学会根据对方的身份、年龄，使用合适的尊称，让客人感受到我们的诚意与热情。

2. 接待客人时多说些客套话

客套话如同润滑剂，能让气氛更加融洽，使客人感受到亲切与温暖。但客套话也要说得自然、真诚，避免过分恭维或虚伪。

3. 知人善谈

了解客人的背景、目的，才能选择最合适的话题和方式与之交谈。语速、音量的控制要因人而异，确保双方都能舒适地沟通。与知识分子交谈时，话题不妨风趣雅致；面对农民朋友时，则应直接朴实，避免文绉绉的表达而造成隔阂。

4. 根据来访者的不同目的，调整措辞与语气

对于寻求帮助的客人，我们要表达理解与同情，令他们安心；对于提供信息的客人，要满怀感激之情，让对方感受到自己的重视；对于商讨问题的客人，则应以询问、商量的方式进行讨论，展现自己的谦逊与开放的态度。

总结时刻

日常聚会交流有门道，待客之道要讲究礼仪。首先，恰当的称呼展现敬意，温馨的寒暄拉近距离。其次，客套之语必不可少，但需出自真心，方能打动人心。再次，细心观察对方情绪，挑选合适的话题进行交谈，让对话流畅愉快。说话时，语速、音量要恰到好处，多考虑对方的感受。与学者交流可谈风雅，与农民朋友话家常更显亲切。最后，根据聚会目的调整言辞，求助时表达感激与体谅，讨论问题时保持协商态度。总之，聚会发言多用心思，待人以礼，自然能营造欢乐的氛围，让友谊与合作更加深厚。

职场发言“制胜法宝集”，脱颖而出有秘籍

树洞随语

陈岳在公司已经工作几年了，但最近却在职场中屡屡受挫。

在公司的一次部门会议上，新领导刚刚上任，在会议中与大家交流认识。领导点名让陈岳发言，陈岳却怎么也想不起来领导的名字，支支吾吾半天，场面十分尴尬。领导的脸色微微一沉，对陈岳的第一印象也大打折扣。

在随后的项目讨论中，陈岳提出了自己的方案，却遭到了几位同事的非议。陈岳一时心急，与同事激烈地争执起来，言辞激烈，完全不顾及场合。这让同事对他产生了不满，觉得他难以沟通合作。

不久后，领导分配了一个重要任务。领导看着陈岳，希望他能承担起来。但陈岳却犹豫不决地说：“这个任务好难哪，我怕我做不好。”领导皱了皱眉，只好把任务交给了另一位同事。

又有一次，陈岳负责的一个项目出现了问题，需要向领导汇报坏消

息。他慌慌张张地冲进领导办公室，大声说道："领导，不好了，那个项目搞砸了！" 领导被突如其来的坏消息弄得十分恼火，觉得陈岳在处理问题时缺乏沉稳和策略。

因为陈岳的这些职场发言和表现，他逐渐被领导忽视，同事也不愿意与他合作。

树洞回音

职场就像一个大舞台，虽然不必口若悬河、出口成章，但要学会与领导、同事或下属即兴而恰当地沟通，这绝对是一项重要技能。比如，在职场中，记住每个人的名字是建立良好人际关系的基础。因为名字对于每个人而言都极其重要，被记住会让他们感受到被尊重和重视。另外，面对不同意见，要学会巧妙回应。能够在职场中适时、得体地即兴表达，就像是给工作加上了润滑剂，让你在职场中游刃有余，事业顺利向前发展。

发言智慧

职场发言的要点

职场中，看似风平浪静，实则暗流涌动，同事间的竞争与微妙情绪不容小觑。要想在职场中游刃有余，与平级同事的沟通艺术至关重要。记住以下这几点，会让你的职场路更顺畅，人缘更好。

1. 别在同事面前秀优越

买了新手机、赚了外快，要学会低调，别到处炫耀。真正的智慧在于让别人感到被重视，而非被比下去。多给同事展现自己的机会，他们会更愿意与你为伍，甚至在你需要时伸出援手。

2. 帮忙要适度

同事求助时，热心相助是应该的，但别越俎代庖，替人做主。掌握好分寸，既表达关心，又尊重对方的自主权，这样同事关系才能和谐。

3. 合作时注意语气

别用命令的口吻指挥同事，改用商量和建议的方式。比如，“我有个想法，大家听听看？”这样能让彼此都感到被尊重，更容易达成共识，齐心协力地完成任务。

4. 同事失意需安慰

人都有低谷期，这时候，鼓励和支持十分宝贵。不要落井下石，一句暖心的话，一个真诚的帮助，能换来长久的感激和信任。

5. 意见不合时，委婉表达

直接否定对方的意见不仅伤和气，还可能会影响团队合作。试着先肯

定对方的观点，再提出自己的看法，比如，“你的意见很有见地，我想补充几点……”这样的沟通方式能减少冲突，促进双方共同完善方案，让工作更顺利。

在竞聘中脱颖而出

竞聘发言，就像是竞聘者的一场自我推销大会。在这有限的舞台上，你要迅速吸引观众和评委的目光，通过展现自己的亮点和优势，让自己在众多候选人中脱颖而出。不同于其他能进行冗长铺垫的发言，竞聘发言讲究的是“开门见山”，直奔主题，高效利用每一分钟来展示你的能力和价值，以此赢得认可和青睐。那么，具体来说，竞聘者应该如何进行这场精彩的自我展示呢？

1. 发言目标明确，直指岗位需求

不要东拉西扯，要让评委一听就懂：我就是那个为这个岗位而生的人。同时，把你的特长和岗位需求“焊接”在一起，让大家看到，你是最佳人选，无可替代。

2. 讲真话，说重点

不要夸大其词，真诚才是你的最强武器。用简短有力的语言，快速概述你的学历、经历和成就，让评委一眼看到你的闪光点。记住，时间有限，要把每一秒都用在刀刃上。

3. 集中火力，专攻一点

别试图面面俱到，那样只会让你显得平庸。找出你的亮点，深入挖掘，全力展现。让评委和听众记住你的亮点就足够了。

4. 说出自己的独特之处

每个人都是独一无二的。如果你有与众不同的地方，比如，独特的知识结构、特别的成长经历，那就大胆说出来。这些“小不同”，往往能让你在竞争中脱颖而出。

总结时刻

职场发言，制胜法宝在于三点：清晰、自信、共鸣。首先，要表达清晰，观点明确，条理分明，让人一听就懂，避免冗长和模糊。其次，展现自信，语气坚定，眼神交流，让听众感受到你的专业和热情，自信是说服力的源泉。最后，寻求共鸣，了解听众的需求，用他们能理解的语言讲述，加入实例或故事，让发言触动人心，产生共鸣。记住，简洁有力的话语往往比长篇大论更能打动人心。运用这些秘籍，你将在职场发言中脱颖而出，赢得认可与尊重。

面试发言有技巧，即兴演说赢得青睐

树洞咂语

在一次重要的面试中，刘杰准备充分，自信满满。他提前到达面试地点，穿着得体，对公司的背景和职位要求了如指掌。然而，面试刚开始，他就犯了一个致命的错误。

面试官是一位严肃的女人，她问刘杰："你为什么觉得自己适合这个职位？"刘杰回答说："我觉得自己特别优秀，我比这里的其他候选人都要出色。"接着，他详细描述了自己过去的成就，却忽略了团队合作和适应公司文化的重要性。

面试官皱了皱眉，继续提问："你如何看待工作中的失败？"刘杰不假思索地回答："我从不失败，我总是成功的。"他的回答显得过于自大，没有展现出对挑战和失败的健康态度。

面试结束时，面试官礼貌地感谢了刘杰，刘杰也意识到自己的表现并不理想。他没有展现出应有的谦逊和团队精神，也没有表现出对公司文化的尊重和适应能力。结果，尽管他的简历无可挑剔，但由于面试中的不当发言，刘杰最终没有得到这份工作。他意识到，面试不仅仅要展示自己的能力，更要展现自己的人格魅力和团队合作精神。

树洞回音

面试时，发言技巧至关重要。首先，要保持自信，但要避免过度自夸。用具体例子展示你的能力和成就，而不是空洞地自我吹嘘。其次，要展现出团队合作精神，强调你如何与他人协作以达成共同目标。再次，对于失败和挑战，要诚实面对，展示你从中学到了什么，以及你如何将这些经验转化为未来成功的动力。最后，始终保持礼貌和专业，尊重面试官，同时也要展现出你对公司文化和价值观的理解和认同。通过这些技巧，你会给面试官留下积极的印象。

面试的常见问题及解决策略

在面试中，我们可能会遇到各种各样的问题，以下是一些常见的问题和解决策略：

1. 自我介绍：这是面试的开场白。你应该简洁明了地介绍自己的教育背景、工作经验和关键技能。技巧在于要个性化，展示你的独特之处，同时要与应聘职位相关联。

2. 为什么想加入公司：这个问题考察你对公司的了解程度。提前做好功课，了解公司的文化、价值观和业务领域。回答时要真诚，表达出你的热情和对公司的认同。

3. 你的优点和缺点是什么：这是一个自我评估的问题。优点要与职位相关，缺点则要说得坦诚，但也要展示出你正在努力改进。

4. 你如何处理压力：面试官想知道你如何应对紧张的工作环境。可以分享一个具体的例子，说明你如何冷静应对并解决问题。

5. 你为什么离开上一份工作：避免对前雇主的负面评论。可以强调你寻求新的挑战或职业发展机会。

6. 你的职业规划是什么：这个问题考察你的职业目标和公司的长期契合度。可以谈谈你的短期和长期目标，以及你如何计划实现它们。

7. 你有什么问题想问我们吗：这是你了解公司和职位的机会。准备一些深入的问题，比如，公司的发展方向、团队结构或者职位的具体职责。

面试小妙招儿

面试是需要充分准备和掌握技巧的，下面为大家介绍几个面试发言小妙招儿。

1. 着装得体

无论是穿职业西服还是其他适合面试场合的服装，都能让你显得更为专业与自信。此外，搭配一件有意义的饰物或是喷洒一点儿香水，能为你的整体形象加分，让你在面试中精神饱满、信心十足。

2. 深呼吸，保持冷静

在开始自我介绍前，深呼吸可以帮助你放松，集中注意力。

3. 快速组织思路

在有限的准备时间内，快速梳理你的观点，确定一个清晰的中心论点。

4. 使用专业术语

让人钦佩的发言者往往能够淡定自若地说出充满技术含量的语言。这种语言不仅逻辑清晰，而且富含专业术语和丰富贴切的用词。当你用专业的语言、独到的观点来陈述自己的见解时，一定能赢得面试官的认可与重视。

5. 逻辑清晰

即使你的观点很多，也要确保它们逻辑清晰、条理分明。可以使用“首先、其次、最后”等连接词来组织你的内容。

6. 简洁有力

避免冗长和复杂的表述，用简洁有力的语言来表达你的观点。

7. 提升声音魅力

清晰干脆、字正腔圆、张弛有度的声音，能够给面试官留下积极开朗、思维敏捷的印象。因此，你需要学会调节自己的发音、声调和语速。

8. 使用例子

如果可能，用具体的例子来支持你的观点，这样可以使自我介绍更具说服力。

9. 正面应对失误

如果在发言中出现失误，不要慌张，可以简单地纠正并继续你的

发言。

10. 保持自信

即使你感到紧张，也要努力展现出自信。自信的态度可以提升你发言的整体效果。

总结时刻

在面试中，发言技巧至关重要。首先，要注重语言表达的清晰度，避免使用模糊不清或过于专业的词汇，确保面试官能够准确理解你的意思。其次，语速要适中，过快或过慢都会影响表达效果。最后，在即兴发言环节，要迅速组织思路，用简洁明了的语言阐述观点，避免冗长和离题。在面试中，只有掌握了这些技巧，才能在即兴发言中脱颖而出，赢得面试官的青睐。

常见发言场景及话术

场景一：专业会议发言

话术：尊敬的各位专家，我将围绕“××技术的最新进展”这一主题，分享我们的研究成果。在座的各位都是该领域的佼佼者，期待大家的指正与建议。我相信，通过今天的讨论，我们都能有所收获。

场景二：婚礼现场发言

话术：在这个充满爱与喜悦的时刻，我站在这里，心中满是感慨与祝福。看着这对新人携手步入婚姻的殿堂，我仿佛看到了爱情最美好的模样。愿你们的婚姻生活如同这场婚礼一般，充满温馨、浪漫与甜蜜。最后，让我们共同举杯，为这对新人的幸福未来干杯！

场景三：升学宴

话术：在这个充满喜悦与收获的季节，我们欢聚一堂，共同庆祝××同学金榜题名，迈向人生的新篇章。愿你在未来的求学路上，继续怀揣梦想，勇往直前，不断追求卓越。同时，也感谢各位亲朋好友的到来，是你们的支持与鼓励，让这场升学宴更加温馨与难忘。让我们共同举杯，祝愿××同学前程似锦，未来可期！